大家さん そのリフォーム、ちょっと待った!

コスト削減から考える 賃貸経営の新スタンダード

共著 長岐隆弘 森田祥範

プラチナ出版

いる大家さんが社会問題化しつつあるのが現状なのです。

サラリーマン大家さん、地主系の大家さん、親から相続した二代目大家さん……呼び名は違ってもすべての不動産投資家に共通するのは、アパート経営していくうえでリフォーム工事は非常に重要なポイントだということです。

また、これから不動産投資を始める人にとっても、リフォームのコストを削減するノウハウは必須といえるでしょう。

私は不動産投資の業界へ長らくプロとして携わってきました。そのため「リフォームに関する問題がなぜ起こるのか」という本質的な理由を熟知しています。

そこには、ハウスメーカー、管理会社、賃貸仲介会社、工務店、リフォーム会社などの不動産関連業者が絶対に明かさない「大家が知らない賃貸経営の裏側」があります。

具体的に言えば以下となります。

❶ ハウスメーカーは絶対満室にならないエリアとわかっていながら、アパート建設をすすめる

❷その際のアパート建築費用には、30年家賃保証分の利益が上乗せされた金額になっている

❸管理会社は無理して、管理物件を満室にしようと考えていない。だから、満室にしなくても、自分には必ず手数料が入るようになっている

❹仮に満室になったとしても、銀行借り入れを返済後の手残り分が残らないようにリフォーム費用を水増しして毎月請求する仕組みになっている

例を挙げると枚挙に暇がありません。

このような話をなぜ私ができるのかと言うと、不動産鑑定士という国家資格を持ち、不動産のプロとして仕事をしているからです。

不動産鑑定士の仕事は、不動産の価格を査定するのですが、そのときに築古物件の評価の場合にはリフォームコストを見積もって価格を鑑定します。この際、リフォーム業者に複数見積もりを取りますが、場合によっては、その見積もり金額が倍以上離れているということは珍しくありません。

その場合、不動産鑑定士として適切な見積もり金額なのかを判断するのですが、これはかなり難しい作業です。というのも、その見積もりは、業者によって明細がバラバラで査

定根拠も不明瞭なケースが多いからです。いわば、見積もり金額自体が『ブラックボックス』となっているわけです。

また、実際の見積もり金額の大半を占めるのは、材料費のコストではなく、業者や、大工の人件費と中間マージンがほとんどです。

ですから、一般の大家さんが実態を把握するのは困難です。

私はかつて会社員として働いていて、ゼロから大家業を始めた人間です。会社員時代に副業として不動産投資を始め、サラリーマン大家として長くやってきました。

会社の給料よりも賃貸経営の収入が大きくなった段階で退職し、今では不動産投資を教える講師をしています。

最初は私一人で教えていましたが、7年経った現在では30名以上の認定講師と600名を超える会員が所属するコミュニティになるまで成長しました。また、2016年は不動産投資家育成協会という団体をつくり、サラリーマン大家さんのために、賃貸経営の在り方を教える教育事業を行っています。これらの取り組みをしているなかで、空室が埋まらなくて、思ったほど収益が出ないという悩みを大家の方々からよく聞きます。

当初は不労所得が得られると思って始めたアパート経営。しかし実際にやってみたら、手元に残る金額がほとんどなく、むしろ空室が続くと赤字になってしまう。満室経営をしていたとしても、銀行の借り入れや管理会社の手数料、リフォーム会社の修繕費用などを合計すると利益が出ない。こういう悩みを持つ人は数多くいるのです。

では、なぜこのようなことが起こるのでしょうか。

それは、本質的な話をすると、そもそも大家さんと不動産業者の間には『利益相反』の関係があるからです。

ところが、ほとんどの大家さんは不動産の実務について熟知していないため、業者から言われるがままお金を支払っています。大家と業者の利益相反の状況が続く限り、この業界は良くならないと私は考えています。

ですので、業者が家賃保証をするからといって、ただ丸投げをしているだけではサブリース会社が破綻したとき、大家さんも一緒に経営が破綻してしまいます。

このようなお話をすると、「業者に相見積（あいみつ）をとって、価格を下げさせてもらえばいいのでは？」と思う人もいるかもしれません。たしかに、リフォームコストをただ安くすればいいという考えのもと、相見積をとり、費用の安い部分だけをいいとこ取りするような業者泣かせのダンピングをする方法をノウハウとして紹介する人もいるのは事実です。

しかし、一方的に業者から利益を奪うということでは、短期的には有効であっても、長期的に続けられる手法ではありません。

そんな方法を使わなくても、リフォーム工事の質は下げずに、リフォームコストを20%以上削減でき、リフォーム業者の利益も不当に減らすことのないような、そんな夢のようなコスト削減方法があるとしたら……どうでしょうか?

本書では、ビジネスの基本とも言える「三方よし」の考え方で、大家さんはもちろんのこと、入居者もリフォーム業者も喜ぶようなノウハウを余すことなく公開します。

ノウハウの全貌については、本文で詳しくお話ししていきますが、その一端をお伝えすると、以下の3つのキーワードに集約されます。

❶ まとめ買い
❷ 多能工
❸ 年間発注契約

これは、賃貸経営にとって、まさに大革命と言えるものです。
それでは、早速リフォーム大革命の全貌についてお話ししていきましょう。

２０１８年10月

長岐　隆弘

第1章　なぜ、あなたの賃貸物件は儲からないのか？

第5章 入居者に長く住んでもらうための「建物メンテナンス」の極意

第6章 リフォーム大革命に成功した新世代大家の事例に学ぶ！

装丁・DTP トライアングル

第1章

なぜ、あなたの賃貸物件は儲からないのか？

1 不動産投資がここまで流行った理由

大家業が始まったのは、日本の高度成長の背景とした土地の資産価値の増大によるところが大きいといわれています。

そもそもの始まりは、当時の田中角栄首相が提唱した「日本列島改造論」などに象徴されるような土地の開発です。土地を新しく造成し、そこに人が住むことによって、土地の価格が2倍にも3倍にもなる。そのような時代が日本の高度成長とともにありました。

一方、土地価格の上昇に比例して税金負担も大きくなったことから、地主が土地の有効活用や相続税対策として始めたのがアパート建設といわれています。当時は、このような大家業は「アパマン経営」などと呼ばれたりしていました。

これがバブル崩壊によって不動産の価値が大きく下がり、賃貸経営は下火の時代が長く続きます。

しかし時を経て、不動産の価格がかなり割安になり、銀行が「アパートローン」という枠組みを考えたことで、一般のサラリーマンでも融資を受けて不動産を購入できるようになりました。不動産投資の場合、ほとんど手をかけずとも家賃収入が得られるため、副業に関心があるサラリーマンに人気を博すようになったわけです。

ただ、〝ラクして稼げる〟というイメージが過度にいきわたったせいで、不動産を購入後、管理や経営をまったく行わないオーナーが増えてきたのも事実です。

たしかに、都心の新築物件など手間があまりかからない物件であれば、オーナーがやることはほぼないのですが、築年数の経った地方の物件になると空室を埋めるのは容易ではありません。

そのような経緯もあり、私はアパート・マンション経営を「不動産投資」という言葉で呼ぶのは適切でないと感じています。購入するまでは投資だったとしても、購入後は「賃貸経営」という言葉のほうが正しいと思うからです。

2 この10年でこの大家業の業界はどう変わったか?

こういった状況のなか、いわゆる地主系の大家さんの高齢化に伴い、大家業界も世代交代が起きています。つまり、地主さんの子どもが、不動産を引き継ぐのではなく売却することによって現金を得たいと考えるようになっているのです。

逆に、地主さんが売却する不動産を、土地を持たない、不動産の経験もないサラリーマンがアパートローンを使って購入する流れができています。ある意味、大家業界に新しいプレーヤーが参入し、新しい市場がこの10年でできたといっても過言ではないでしょう。

それに伴って、不動産会社も今までのマイホームの仲介業を行っていた不動産業者だけではなく、そういったサラリーマンを相手にし、ファイナンスも一緒に行う収益不動産専門の不動産会社もこの10年で増えています。

また、金融機関もアパートの建設資金は、事業性融資（プロパーローン）と呼ばれる融資をこれまで行ってきました。これは、借主の資産背景や、その物件の立地や収益状況など、個別的な要因を判定し融資する方法です。

それに対してアパートローンは、借り手の属性（年収や勤務先など）で融資額が決定するやり方に変わったため、個別の物件を見るというよりも、住宅ローンと同じように借りる人の属性がよければ融資が受けられるという流れになりました。

そういう意味では、この10年でこの大家業の業界は大きく変わったといえます。

3 賃貸経営は、今後ますます難易度が上がる!?

しかし、今後も明るい見通しが続くかというと、残念ながらそうではありません。もちろん、2020年に東京オリンピックが開催されるため、不動産に対する需要は、ずっと堅調にあるといえます。

ただ、賃貸経営を行うことを考えると、今まで主要な融資先となっていたアパートローンの融資が受けにくくなっています。

その背景には、借り手の属性だけをみて、多額の融資をしてきた銀行が過剰融資と金融庁にみなされ、融資を抑制される流れになったということがあります。

くわえて、全く経験のないサラリーマンが大家業を行い、結果として賃貸経営がうまくいかなくなり破綻するケースが増えていることも大きいでしょう。給料以上の収入を夢見て不動産投資をしたものの、実際に成功できる人はごく一握りということが一般に知られるようになったのです。

本業のリタイアを実現するために物件を購入したいけど融資が受けられない、不動産会社がいい情報を紹介してくれない、２棟目までは購入できたものの本業をリタイアするほどの収入は得られず、ずっと空室対策に追われラクになっていない……こういった悩みを持つサラリーマン大家さんは数多くいます。

同じ悩みは地主系の大家さんも持っていて、親から受け継いだ土地で有効活用するためにアパート経営したものの住む人が見つからず、空室も埋まらないで、ほとんど儲かっていないというケースが多数見受けられます。

ほかにも、家賃保証をしてくれるとハウスメーカーに言われて物件を手に入れたものの、肝心の家賃保証が２年ごとに更新するたびに下がっていき、今ではほとんど利益がない、このまま続けていくのは非常に心配だという大家さんも最近は増えています。

家賃保証というのは物件を１棟借り上げて転貸する仕組みで「サブリース」とも呼ばれています。この家賃保証の仕組みについては後述いたします。

考えればわかりますが、人口が減少し、核家族化が進み、少子高齢化が加速する日本において、若い人が需要する賃貸不動産を提供するというビジネスは斜陽産業といわざるを得ません（**図表１－１**参照）。人口が増加している東京の都心部でさえも、立地が悪く、狭い物件に関しては、空室が全然埋まらない物件もあります。

図表１—１　賃貸住宅戸数と空き室率推移（戸数は万戸）

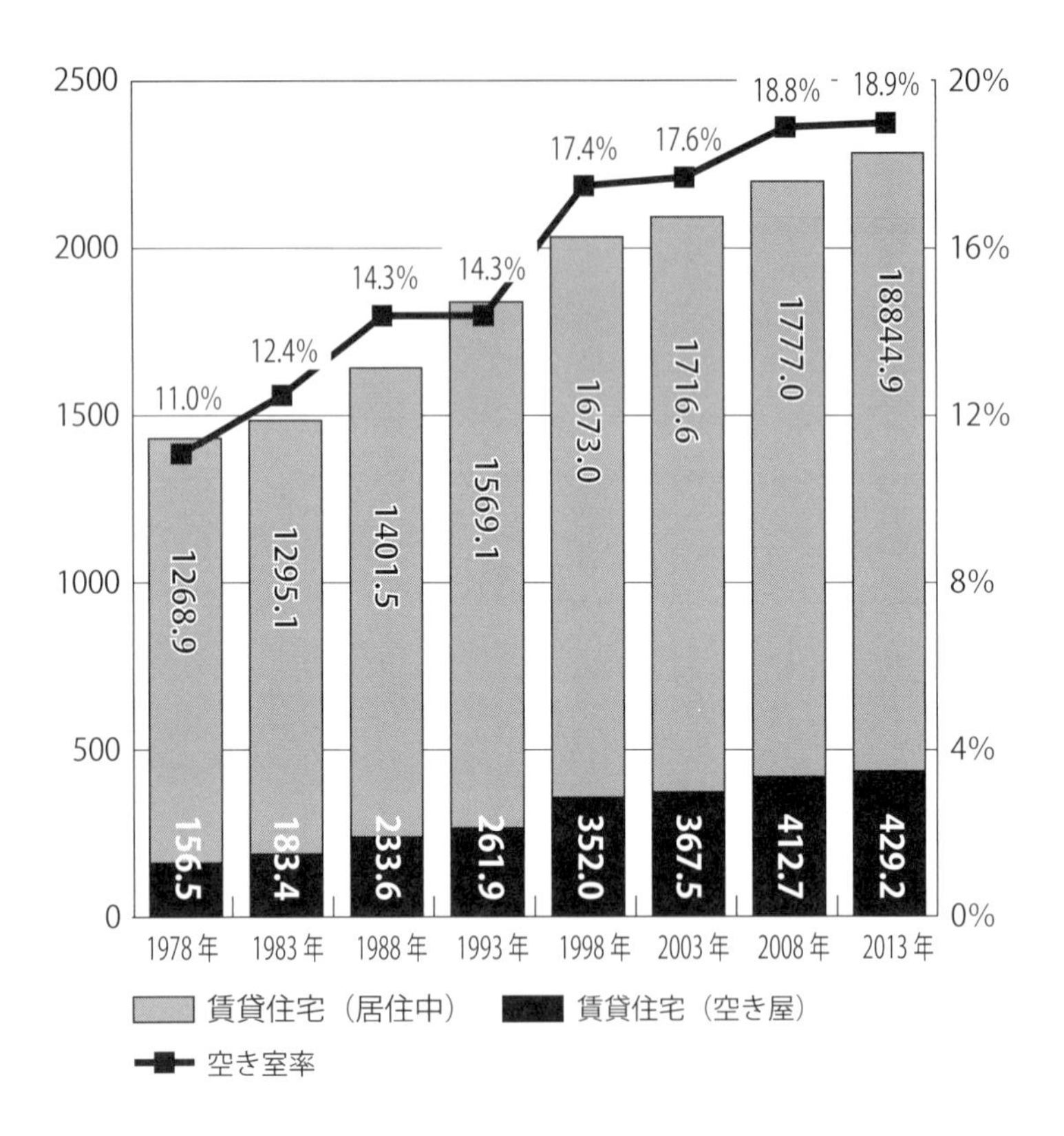

4 実録！ ある大家さんの悲惨な末路

具体的にイメージをしていただくために、事例を1つ紹介しましょう。

私たちの協会の会員さん（仮にAさんとします）の実際にあった話です。Aさんはサラリーマン大家さんで、5年ほど前から不動産投資を始め、今では複数棟所有しています。

Aさんの所有物件の1つに、地方都市の築20年の賃貸アパートがありました。見た目はそれほど古さを感じさせず、施工もハウスメーカーが行ったものなので、しっかりとした物件でした。

しかし、最寄り駅から遠いため、入居付けに苦労しているようでした。そこで家賃を下げたり、広告料を上乗せしたりして、なんとか満室にしようと努力をしました。

ただ、Aさんが住むエリアと所有物件の距離が離れているため、実際に見に行ったり、管理会社と直接会って話したりする機会はありませんでした。

そういう状況が続くなか、管理会社から「入居者から扉が壊れたという連絡が来ました。このままだと生活に支障を来すので、すぐに直してください」との一報が入りました。A

さんは、扉の修理費用としてきた見積もりの金額をよく確認せず、そのまま支払うことを承諾しました。

しかし後になって気づいたのですが、その金額は通常のリフォーム工事の倍以上になっていたのです。管理会社とリフォーム会社が結託して、現地も見に来ないオーナーに倍以上の見積もりで出し、その分を利益として取っていたのです。

実は、管理会社やリフォーム会社は、こうしたことを日常的に行っています。内容もよく確認せず、知識や経験もない大家さんは、最もお金を落としてくれる存在だからです。

この事例からもわかるとおり、賃貸経営を行う大家さんと不動産の関連業者（大手ハウスメーカー、大手フランチャイズの賃貸仲介業者や管理会社など）とでは、利益相反の関係にあります。

5 大手ハウスメーカーの「30年家賃保証」を当てにするのはやめましょう！

大手ハウスメーカーの場合、地主さんの土地にアパートを建てることをビジネスにしています。その際、建築後の賃貸経営のサポートということで、30年間の家賃保証を謳うハウスメーカーも多数あります。オーナーにとってみれば建設してもらうだけでなく、購入後のフォローも家賃保証というかたちで、ネームバリューがある大手ハウスメーカーがしてくれるということもあり、契約してしまう人が多いのも事実です。

しかし、30年間の家賃保証には、２つの条件が付いている場合がほとんどです。

１つ目は、「30年間ずっと新築の家賃を保証するものではない」ということです。通常の場合だと2年ごとに家賃を見直し、そのときの中古の家賃相場に合わせて保証家賃も減少する可能性があるということです。アパートの場合、築年数が経過するに従って家賃が下がっていくのが通常なので、その都度中古の家賃に下げるというわけです。

２つ目は、「更新にあたって、修繕積立金を要求される」ということです。

築年数が経つと設備や建物も古くなっていくので、新築時と同じ状況にするために修繕費が請求されます。つまり家賃保証するにあたって、修繕積立金を払わないと、その契約を継続できないという仕組みになっているのです。

こうやって考えてみると、そもそもハウスメーカーが儲かるような仕組みになっていることがわかります。

ハウスメーカーは「プレハブ工法」といって、工場で材料を加工し、現地で組み立てることによってコスト削減をしています。そしてそのコストを転嫁した分、利益率が非常に高くなっていて、一般的なハウスメーカーの場合、粗利が20％から30％ともいわれています。そして高収益な利益をもって広告宣伝費や営業マンの人件費に充てているのが実態なのです。

こういった内部事情を知ってまで、ハウスメーカーからアパートを建てるというのは、大家さんに知識が不足していると言わざるを得ないでしょう。

6 手数料で稼ぐことしか頭にない「賃貸仲介業者」のビジネスモデル

次に、大手フランチャイズの賃貸仲介会社のビジネスモデルをお話しします。

賃貸仲介業というのは「仲介業」とあるように、賃貸契約が成立して初めて報酬がもらえる成功報酬の報酬体系になっています。その内訳としては、入居者からもらう仲介手数料のほか、大家からもらう広告料が主たる収入源です。

したがって、賃貸仲介業者が報酬を得るために考えることは、「いかにたくさんの仲介案件を成約するか」ということです。そのため、契約が成立するのに有利なように入居者にも話をしますし、大家に対しても「もうちょっと条件をよくしたら契約が決まる」と言って、手数料を取るわけです。

彼らは大家さんの案件を決めるかどうか全く関心がなく、契約が決められるような物件かどうかということだけを考えているのです。ですから、仲介業者から選ばれない物件でないと、ずっと空室のまま放置されてしまうのです。

7 無理して満室にしなくても儲かる?!「管理会社」の実態とは?

では、大家の物件を管理し、仲介業者の窓口となる管理業者の実態はどうなのでしょうか。

不動産の管理料は、それほど専門性が高くないといわれています。宅建業と違い、業者の登録も必要がないのがその理由の1つです。

では、なぜ管理会社ができたのかというと、不動産の仲介会社が始めた地主系大家さんのためのサービスの業務だからです。土地の仲介料を地主さんから定期的にもらうため、その地主さんの物件の管理も引き受けていたというのが、そもそもの始まりなのです。

そのため、管理業に特化してやっている業者はほとんどなく、管理業と共に土地の仲介業をやっている管理会社がほとんどです。

そのため、管理会社としては、たくさんの戸数をもっている地主さんに対しては非常にいい顔をするのですが、サラリーマン大家や戸数の少ないオーナーに対してはほとんど対応しないというのが現状です。

彼らにとっては保有、管理している物件の管理手数料が入ればいいので、そのオーナーの物件を満室にすることに関しては、全く興味がないともいえます。

その証拠に、管理会社がオーナーに対してよく言う「2大殺し文句」がありますので、ご紹介します。

それらは、オーナーから「なんとか空室が埋まらないか？」と言われたときに使う言葉です。

1つ目は、「その物件の立地が悪いので決められない」という言い訳です。

2つ目は、「間取りや設備が悪いので決められないです」という言い訳です。

なぜ彼らはこのようなことを言うのでしょうか？

それは「オーナーが改善できないとわかっているから」です。

これまで管理会社のやり方をつぶさに見て来ましたが、このようなことを言う管理会社は良くない管理会社と断言できます。

オーナーの立場に立った管理会社は、立地や間取り、設備以外の部分でどのように改善したら空室が埋まるかというのを提案してくれるものです。しかし、実際そういう提案力のある管理会社は、少数というのが現状なのです。

結局、管理会社も設備やリフォーム工事をさせて、そこから利益を取ることによって、その見返りとして空室を埋めるという考え方をしています。

こういう話をすると、知識のない大家さんは驚かれるかもしれません。

ただ本質的には、先ほど申し上げたように、あらゆる不動産関連業者が皆さんにとって利益相反の関係にあるということを理解していただくことが重要です。もちろんだからといって、すべての業者が皆さんの敵ということではありません。利益相反の関係にもありながら、一緒に協力してくれる業者さんもいることは事実です。

8 素人大家が陥りやすい「3つの罠」とは？

ここで、リフォームを業者にお願いするときに、素人大家さんが陥りやすい3つのパターンをご紹介します。

1　いきなり見積もりを多数の業者からとってしまう

最も典型的なのは、とにかく相見積を取ろうとして、多数の業者に一遍に見積もりを依頼してしまうことです。

一口にリフォームの見積もりといっても、原状回復もあれば設備や内装を変える工事など多岐にわたります。

くわえて、業者によって見積もりの出し方が異なるので、見積もりを比較する基準がないと、複数の業者から見積もりを取っても比較できないという現実に直面します。

2　高額な見積もりを出されても気が付かない

管理会社から提出されるリフォームの見積もりは、通常のリフォーム会社から取る見積もりよりも割高なケースが多いです。

これは管理会社の利益が見積もりに上乗せされているからです。そういったことも知らないまま「専門家が提示した金額だから間違いないだろう」と思って鵜呑みにしてしまうケースも非常に多いといえます。

3 見積もりの安いところで決めてしまう

相見積を取って価格の安いところで最終的に決定することは、一見合理的なようにみえますが、実は大きな間違いです。

価格が比較しやすい商品、たとえばもう既にでき上がっているものであれば、仕入れの安いところで買うというのは合理的ですが、リフォーム工事の場合はあくまで請負契約になるので、金額を決めた段階で工事の内容は確定していません。

不動産業界は「クレーム産業」とよくいわれますが、これは中身がないものを金額だけで決めてしまうことに大きな原因があります。

くわえてオーナー側からみても、結局相見積を取っても、その工事の項目の内容がわからないため、項目ごとの金額が正しいかどうか判断ができないはずです。

また、その見積もりの中に工事として本来必要な工事が抜けている場合があったとしても、金額だけを見て決めてしまうケースもたくさんあります。

結果として、工事を始めたあとに抜けている部分が判明し、それを追加工事というかたちでお願いすると結局ほかの業者よりも割高になってしまうというケースも珍しくありません。

ここに挙げた3つの罠をしっかり理解し、それを解決する方法を知らないと、いつまで経っても同じことの繰り返しになってしまいます。

9 リフォームコスト削減ワークフローとは?

そこで、実際に不動産リフォーム会社にリフォームの依頼をする前にどのようなリフォームを行うのか、それを大家さん自身がしっかりと把握しておく必要があります。

ただ、リフォーム内容を決めるといっても、オーナーが好きなリフォームをしても入居促進につながる場合は少ないです。所有物件の入居者がどのようなリフォームを望んでいるか、市場をリサーチ（＝マーケティング）することが重要です。

リフォームのマーケティングのワークフローは、以下のとおりです。

【ステップ1】オーナーとしての「経営理念」をはっきりさせる

まずは「経営理念」です。大家は経営者ですから、将来的に大家としてどうなりたいのか、この物件が入居者にとってどうあるべきか、などといった「経営理念」を持つ必要があります。経営理念の作り方については第2章で詳しく解説します。

【ステップ2】保有している物件の「環境分析」を行う

環境分析として、外部要因と内部要因の両面をしっかりと調べましょう。

自分でコントロールできない経済環境や周辺の地理的状況などを「外部環境」といいます。まずは自分の物件を取り巻く環境を把握し分析します。自分の物件の内部状況を「内部環境」と定義づけます。これは自分でコントロールできるものが多いでしょう。

この環境分析をするにあたり「全国投資マーケティング®」という手法を活用します。

【ステップ3】環境分析に基づき、どのような「リフォーム方針」にするか決める

経営理念に近づくために、環境分析に基づき、どういった方針でリフォームしていくのかを決めましょう。

具体的には、高級志向なハイエンドのニッチ向けなのか、低価格を志向する一般エンド向けなのかなど「物件のポジション」を決定していきます。基本方針としては、「ハイスペック路線」「ローコスト路線」のどちらかになります。

【ステップ4】リフォーム方針に合わせた「リフォーム戦略」の策定

リフォーム戦略としては、自分の物件の強みを見つけて、その強みが最大限に活かせる領域（生存領域）で満室経営を継続しながら賃貸経営を行うことを目指します。

そのときに、重要なのが、物件がどういった立ち位置にあるか分析し、物件の持っている「強み（ＵＳＰ）」を決定することです。そして、費用対効果も織り込んだうえで、リフォーム計画を立てる必要があります。

【ステップ５】「リフォーム計画」の実施

戦略が決まったところで、それを実現するために必要な「計画」を作成します。具体的にいつまでに何をすべきなのかを優先順位を決めて具体的な「計画」に落とし込みます。

リフォーム工事を実際に開始し、リフォームの工事が完了、そして賃貸募集の開始という流れになります。

次章以降では、まずこのワークフローについて詳しく解説していきます。

第2章

トップ20%の「新世代大家」になるための生き残り戦略とは?

この章では前章で紹介した「リフォームコスト削減ワークフロー」のうち、「【ステップ1】オーナーとしての「経営理念」をはっきりさせる」から詳しく解説していきます。

1 自己流大家は成功しない

不動産投資を自己流で行っている人が、投資家として成功するのは難しいのではないでしょうか。

とりわけ多いパターンが、不動産投資に関する書籍やセミナー、またはインターネットからの情報を大量に集めて知識を詰め込む、「ノウハウコレクター」に陥る人たちです。

ネットや書籍からの情報は、あくまでも「見栄えがする表側だけ」です。それよりも肝心な裏側を知ることなどできません。これで不動産事業として規模を拡大していこうとするのは無謀といわれても仕方のないことです。

また、そのような書籍やセミナーで語っていることは一個人の体験、もしくは不動産業のプロが自社の商品を勧めたいばかりの、自分にとって都合がよいことを書かれたものがほとんどです。

すでに大家業においては、もはや個人の体験談や経験で語れる時代ではなくなりました。

これからは、そこから一歩飛びぬけて成功を収める大家と、ニセ情報をにわかに信じて失敗してしまう大家とで「二極化」する傾向が強まっています。

現実に私たちのところへも多く相談者が来られて、「簡単に物件を買えると思っていたのに、いい物件情報がない」、あるいは「銀行が融資を付けてくれない」と、嘆いている人を見かけます。

また、ようやく念願の投資物件を購入した相談者もいました。しかし、それほど深く考えもせず空室率の高い物件を選んだがために、賃貸経営で苦労しています。もう物件を売ろうと決断された方などは、買う手がつかず売ろうにも売れなくて困っている……そのような多くの方からも相談を受けております。

果たして、彼ら不動産投資家やサラリーマン大家の抱える問題は解決できるのでしょうか。その答えは、「新世代大家になる」ということです。

所有物件規模や資産規模を競うのではなく、不動産の賃貸経営をゼロから始めて、自身だけが大家として成功するのではなく、同じ志を持った仲間も導く……そのような理念を抱いて行動する意識の高い大家を、私たちは「新世代大家」と呼んでいます。

とはいえ、「ライバルでもある同業者に事業ノウハウを教えるなど、矛盾してはいないか？」

そのように疑問視される方がいるかもしれませんが、心配はいりません。

新世代大家は、自分から情報提供する見返りに、その仲間からも新たな情報がもらえるwin-win 関係にあるからです。

その結果として、同じサラリーマン大家であっても、大きく成果を上げて新世代大家になる人がいれば、それに反して全く物件が購入できない人がいます。私たちは、これまでにも中途半端にサラリーマン大家になってしまったばかりに、賃貸経営で苦しんでいる人を多数見てきました。

彼らはなぜうまくいかなったのでしょうか。うまくいっている新世代大家との違いには何があるのでしょうか。

その答えは、「コミュニティを上手に活用しているか？」という点につきます。ここでのコミュニティとは、賃貸事業を営んでいる実践者の集まりを指します。この実践者の集まりから自身に必要なノウハウを効率よく活用できている人が大きな成果を上げていたのです。

2 新世代大家の特長は「メンター」「コミュニティ」

新世代大家は大きく分けて2つの特長があります。

1つ目は、メンターから直接アドバイスを受けているということです。それに際しては、賃貸経営者が集まるコミュニティの中から、自分が目標とするメンターをみつけます。

不動産というものは似たものがあるとはいえ、全く同じというものは1つとしてありません。これは大家にもいえます。親の不動産を受け継ぐ人がいれば、ゼロから自分で始めていくサラリーマン大家など、そのケースは多岐にわたります。

そこでコミュニティに集う賃貸経営者の中から、自分と境遇が似た人をみつけるのです。

そして、その人の手法を真似るかどうかで、成功の大きなポイントになります。

先にも述べましたが、大成功を収めているカリスマ大家のノウハウなど、あくまでもその人だからこそ可能なのであり、誰しもが真似できるとは限りません。

2つ目の特長として、コミュニティの仲間とモチベーションを維持して継続的に取り組むことです。もちろん、この仲間は自分と価値観が同じでなければいけません。

とりわけ、サラリーマンが副業で賃貸経営をやっているケースでは、親身になって相談にのってくれるような人が周りにいません。もちろん会社の上司に相談ができるわけもなく、家族にさえ内緒でやっている人も大勢います。

そのような孤独な環境で、常に情報を収集し、行動し続けるのは、もはや「修行」と言い換えても不自然ではないでしょう。しかし、これが同じ志を抱いたコミュニティの仲間が側にいることにより、独りで抱え込んでいた悩みを打ち明け、相談し、時に励まし合える……。これほど心強いものはなく、前向きに活動を続けることができるのです。


なぜ、このようなことを断言できるのか。それは、私たちの不動産投資家育成協会の会員600人の事例をみてきたからです。

この不動産投資家育成協会は2016年に設立された、不動産投資家のための団体で、巷にあるような大家の会、あるいは大家塾といった大家たちの集りではありません。

全くの未経験者が不動産を用いて真っ白なゼロから資産形成をしていく、そのような人たちの団体です。

会員は関東をメインに20代から60代と年齢層が幅広く、北海道から九州まで全国規模で活動しています。職業も会社員や公務員が中心ですが、個人事業主や自営業、もしくは経営者、医師、税理士などの士業や、さらには主婦や学生など、実にバラエティに富んだ方たちが在籍しているのです。

3 知っておきたい「経営理念」と「ゴールデンサークル」

「経営理念」と「ゴールデンサークル」について解説しましょう。

大家として判断していく基準や行動指針、あるいは大家として将来的な理想像など、実現したい目標を「経営理念」と定義します。

大家としてしっかりとした経営理念を持てば、あなたに関わる関係者からも共感が得られます。その結果、理想的とするチーム作りが可能となり、賃貸経営業においてもより良い結果を残せることでしょう。

それには、あなたが「どのような人を幸せにしたいのか?」、または、あなたの所有物件の所在する、「地域に対して、どのような貢献をしたいのか?」を考える必要があります。

そもそも賃貸経営業というものは、その土地に根付いた「地域産業」でもあります。言い換えれば、衣・食・住の「住」を担う、生活に根付いた事業です。その地域に暮らす人々と密接に関わるものとして、経営理念をしっかりと作ることが重要です。

サイモン・シネックは、イギリス生まれの経営理論について数々の著書のある作家です。

彼の、「TED」（テッド、英：Technology Entertainment Design）という、世界的に有名な講演で、「優れたリーダーはどうやって行動を促すか？」という演説があります。

その演説の中で、「なぜアップル社の製品が世界中で選ばれるのか？」という話や、「ライト兄弟がなぜ成功したのか？」または、「なぜキング牧師はあれほど共感される演説を行うことができたのか？」などの秘密を説いています。

ゴールデンサークルとは？

その秘密の1つにある概念が「ゴールデンサークル」です。これについては以下の図（**図表2―1**）を使って説明していきます。

サイモン・シネックは、世界中の人々を動かす偉大な経営者や革新的な企業は、ある法則にしたがって「考え、行動し、伝える仕方が全く同じ」であると唱えます。そして、その方法は一般の人と正反対なのです。それでは言葉の定義から説明していきましょう。

図表 2―1　ゴールデンサークル

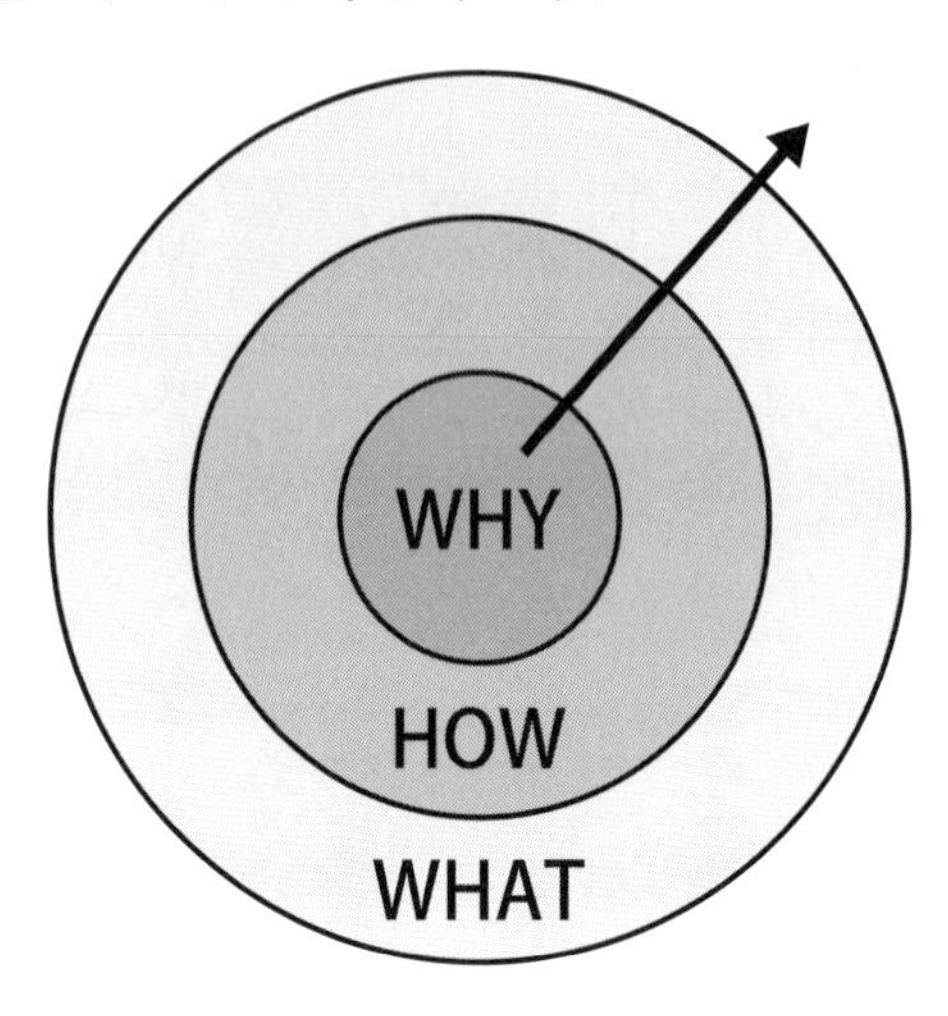

「What?」

これは、「自分たちが何を行っているのか?」または「どんな商品やサービスを提供しているか?」という意味です。

「How?」

「それをどうやっているのか?」という意味です。たとえば、商品の使い方、自分の強みや他社との差別化もこの部分に相当します。

「Why?」

「なぜ、それを行っているのか?」という意味で、活動の目的や信念などを指します。

ところで最後の「なぜ、それを行っているのか？」を明確に答えられる人は、ごく少数しかいません。

一般的に私たちが考え、行動し、それを伝えるやり方は、外側から内側……すなわち「What?」から「How?」の順番で行います。

しかし、優れたリーダーや組織においては、その大きさや業界にかかわらず、それを伝えるときに内側から外側へ、つまり、「Why?」から「How?」「What?」へと向かいます。

人口減少をたどる一方で、大家になりたいという人が増加すると思われます。それにもかかわらず、物件の数は増えています。当然、今より競争の激しい市場に変わっていくでしょうから、「勝つ大家」と「負ける大家」がより明確に二極化していくことに間違いありません。

それゆえに私たちは、この「ゴールデンサークル」の考え方が、今後の賃貸経営市場において重要になっていくであろうと考えています。

厳しい賃貸市場において勝ち残れるのは、「なぜ自分が大家業を行っているのか？」「何のため人に住居を提供しているのか？」の理由を、明確に答えることのできる大家に他ならないのです。

たとえば、それが地域貢献のためであり、特定の入居者へ価値を提供する物件があれば、このような物件は入居者からも選ばれることでしょう。


逆に、「なぜ？」が明確に答えられない大家が、ただ何となく所有しているだけの物件であれば、競争社会において入居者から選ばれるのは困難を強いられると思います。

古くから大家業を行ってきた旧世代大家などは、「なぜ大家をやっているか」の説明ができなくても賃貸経営がやれてこられたのは事実です。

「ハウスメーカーにすすめられて何となく賃貸経営業を始めた……」

「親から相続で引き継いだので……」

「節税するのが目的で……」

「サラリーマンを辞めたいから……」

といった、いかにも自分都合の後ろ向きな理由ばかりなのです。このように「なぜ？」の部分の信念を持たずして大家業を行っている人がたくさんいます。

もちろん、最近増えている不動産投資として物件を所有している人の中にも、業者に言われるがまま明確な理由もなく大家業を継続している人が少なくありません。

ほとんどの大家は、自分の物件の「空室」（＝What）ばかり気にして、空室をどのように（＝How）埋めたらよいのか躍起になっています。

空室対策の一環として、アクセントクロスを用いて内装を変えてみたり、それでもダメなら仲介会社に広告料を多めに払ってみたりと、努力を重ねても一向に空室が埋まらないと嘆いているのが現状なのです。


その場しのぎの対応に明け暮れたところで、入居を検討している人からすれば、他の物件や大家との違いがさっぱりわからないのだから、あなたの物件を選ぶことができないのは当然なのです。

そこへ持ってきて成功した先駆者を見たサラリーマンたちが、この大家業界に参入してくることは目に見えて明らかです。

今後ますます市場の環境が厳しくなる時代において、入居者に選ばれるために、「なぜ大家をしているのか？」を明確に答えられる大家、つまりは「新世代大家」になる必要があるのです。

4 経営理念の作り方

それでは、どのようにして経営理念を作れば良いのでしょうか？

先に「大家としての判断基準や行動の指針」でも述べていますが、この経営理念をもう少し噛み砕いて説明すると、以下のようになります。

- **何のために：なぜ大家業をやるのか**
- **誰に：入居者としてどんな人を幸せにしたいか**
- **何を：理想の入居者に対して、その様な価値を提供したいか**
- **どうなってもらいたいか：あなたが提供する価値によって入居者にどのようになってもらいたいか**

つまりは、どのような人に対して、どのような部屋を提供し、住んだ結果どうなってもらいたいのか。そして、あなた（＝大家）は何のためにそれを行っているのか、を考えることにより、理念を明確にすることができるのです。

とはいえ、皆さんが賃貸経営業を始めた目的は異なるため、経営理念も、1人1人違ったものがあるはずです。

単純に収益を得ることが目的で賃貸経営業をスタートさせた人もいると思いますが、そのような人でも、今後の時代においては、ただ業者に言われるがまま、お任せするだけでスムーズに事業が展開するとは限りません。

ましてや、今後ますます人口が減少していく市場において、「何となく」賃貸経営をしているだけでは、お客さんから見向きもされなくなり、自ずと淘汰されてしまうに違いありません。

それというのも、経営理念のない（明確でない）物件と、経営理念がある（明確である）物件を比べた場合、当然ながら、お客さんは経営理念が明確になっており、お客さんへのメッセージが強い物件を選ぶからです。

巻末に特典として「経営理念作成シート」のダウンロードの方法を記載しています。このシートを使って、ご自分の経営理念を作ってみましょう。

第3章

満室経営のための「リフォームマーケティング理論」

この章では、「リフォームコスト削減ワークフロー」（32ページ参照）のうち【ステップ2】から【ステップ5】までを解説していきます。

1 「全国投資マーケティング®」理論とは?

■賃貸状況の確認

物件の賃貸状況には「需要」と「供給」があります。需要とは借り手・買い手がどれくらいいるのか。物件の供給からは、供給過多であれば空室へとつながり、供給不足であれば家賃や土地評価額は値上がりしていくという状況へとつながるわけです。

そこで注目するのは、その地域での物件の「需要と供給のギャップ差」です。これは、家賃が実際の相場と合っているかどうかを指します。物件情報のレントロールでは、賃料が相場より高めに出ていたり、逆に安めに出ていたりということが多々あります。そのギャップこそが、リフォームの成否を握る鍵なのです。

【ステップ2】保有している物件の「環境分析」を行う

リフォームの環境分析の「準備」で欠かせないものが、「全国投資マーケティング®」です。まずは「机上調査（仮説）」と、「現地調査（検証）」から行います。そして「机上調査（仮説）」では「Ｗｅｂマーケティング」「ヒアリング」へと進みます（**図表3－1**）。

■Ｗｅｂマーケティング

次の4つの項目から見えてくることは、「賃貸需要の推測」です。この賃貸需要こそが〝環境分析の生命線〟となります。それだけに、インターネットでのキーワード検索でどれだけ情報を集め、それを分析して評価できるか、ということにつながっていくのです。

・基本情報
・周辺環境
・賃貸需要
・ライバル物件

■ヒアリング

「ヒアリング」では、現地の不動産会社・管理会社へ聞き取り調査をすることです。

また、「ヒアリング」は、現地の不動産会社や不動産管理会社に対して行うのですが、ヒアリングをきっかけに、現地の不動産会社や管理会社と関係構築も含まれます。

図表3—1

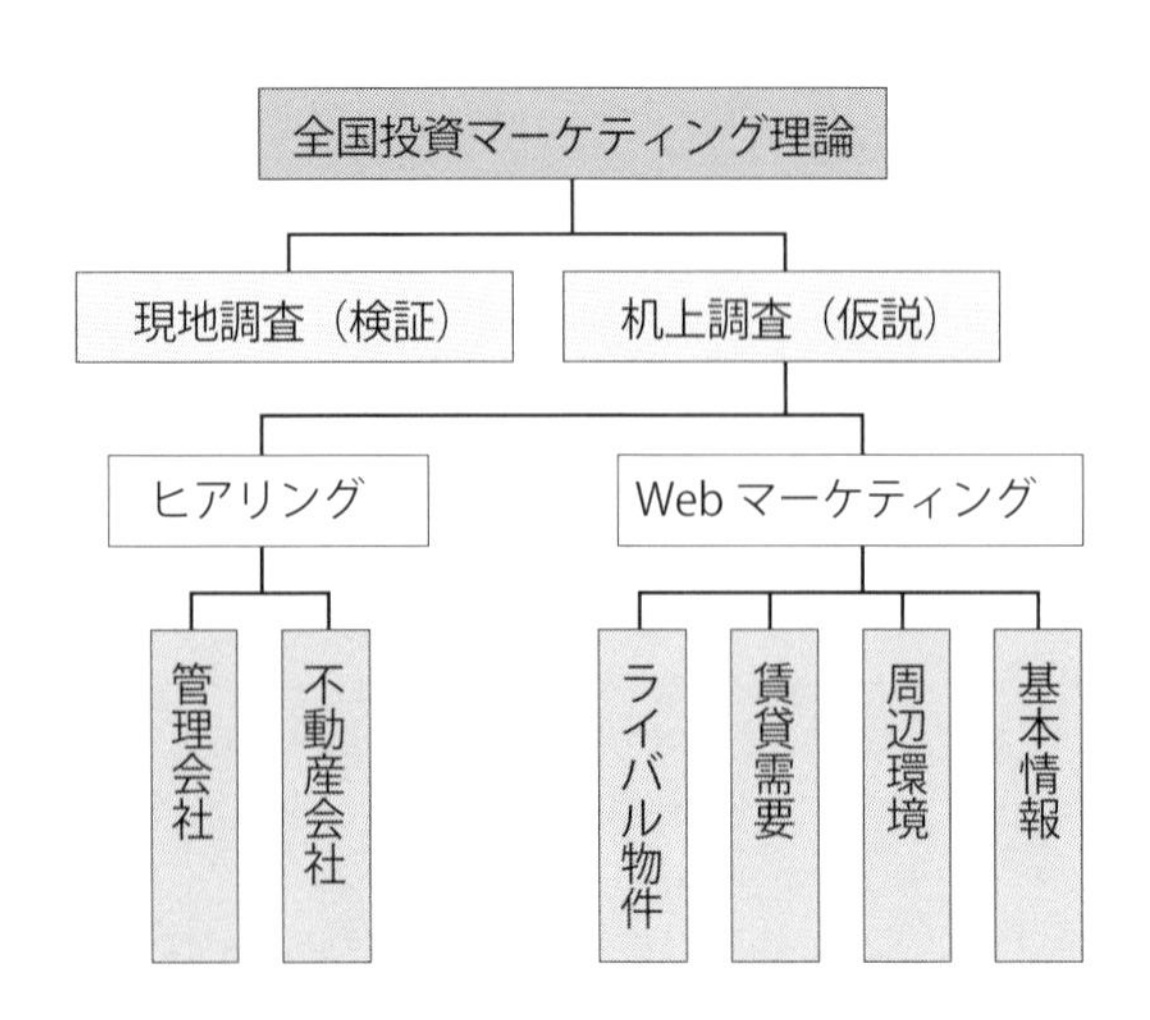

2 Webマーケティング使いこなし術

実際に「Webマーケティング」を行うにあたって、その手順を紹介します。難しいように思えますが、実際に行ってみるとそれほどではありません。

Webマーケティングの手順

① 地域の周辺環境を調べる
⬇
② 物件の周辺環境を調べる
⬇
③ 賃貸需要を調べる
⬇
④ ライバル物件を調べる

① 地域の周辺環境を調べる

地域の基本情報として調べるのは、「人口・世帯数」「最寄駅の乗降客数」「都市計画」「ハザードマップ」の４項目です。地域ごとにそれぞれ検索にかけて、リサーチしていきましょう。

・人口・世帯数

各市町村の人口世帯数は、各市町村のホームページ（ＨＰ）にあります。不動産投資の基本情報となるのは、中でも人口や世帯数が増えているかどうかです。グーグルなどで「〇〇市 ＋ 人口」を検索後にすればたいてい見つかります。

たとえば、「川崎市の人口世帯数」などでも検索できます。また、年代別人口や男女比率などにも注目してみると良いでしょう。そこから居住者の特性などが見えてくるものです。

・最寄駅の乗降客数

ＪＲや私鉄・地下鉄の路線情報および駅の情報を検索して見ていくと、その駅の利用する乗降者数はもちろん、電車の路線へとつながることもあれば、バスの路線の発着や到着などまで知ることができます。

・都市計画

各地方公共団体のＷｅｂサイトで発表されている都市計画について、確認してみましょう。都市計画は、その地域の将来像を描くものです。不動産市場にも直結してくるので、たとえば限定的な地域に不動産バブルのようなことも起こるわけです。不動産投資初心者としては、こうした状況が起こったときは、まず関心を持ってみることです。

・ハザードマップ

豪雨や台風、または津波の影響がある地域においては、現地でも近隣の河川、または海からの距離も確認しておきましょう。くわえて過去の災害履歴も確認します。それに対して対策がなされているのかが重要になります。

◆参考

サイト「国土交通省ハザードマップポータルサイト」(https://disaportal.gsi.go.jp/)

書籍「別冊東洋経済　都市データパック」（東洋経済新報社刊）

②　物件の周辺環境を調べる

インターネットの地図検索では、交通インフラや河川、それから公共機関、大規模店舗やフランチャイズのファーストフードを調べれば、生活したときのイメージはどんどん膨らんでいくものです。これは、不動産投資にも応用できるわけです。「フランチャイズ」「工場や企業」「交通の利便性」などは、物件なる周辺環境を調べるキーワードになります。

・フランチャイズ

物件の近隣には、どんな商業施設があるのかを調べます。ネットのマップ上には、フランチャイズの店舗や商業地域、幹線道路などはポップアップ（画面の最前面に表示）されます。

そもそもフランチャイズ経営の店舗がそこにあるのは、出店の検討をマーケティングした結果、「ビジネスとして成立する＝採算が取れる」という判断があった証です。駅ビルやショッピングモール大型の商業施設があるかどうかも重要です。そこで働く従業員の衣・食・住も必要とされますし、生活が便利である住環境が整っていると いうことは、人が集まり、新規居住者が賃貸物件を借りるという効果にもつながります。

・工場や企業

かつて「企業城下町」という言葉がありました。これは景気のいい企業が街にあれば、その街は財政的にも文化的にも栄え潤うというわけですが、現在でもこの地域繁栄の法則は活きています。

世帯数が増えるかどうかの予測、就業人口の増加、働き口、そして人が集まる。グーグルマップにも載っていない工場や中小企業も多々あります。アパート物件には、法人の契約で寮として使用されることもあります。

・交通の利便性

交通の利便性は重要です。鉄道や主要な幹線道路が周囲にあることは、ヒト・モノがその地を行き交って正確でない場合がありますから、一度は自分の目と体を持って確かめましょう。

物件での入居者募集で、募集要項には必ず「最寄駅」〇〇分といった記載があります。募集する際にターミナル駅が最寄駅であるかないかでは、大きな要素です。最寄駅がターミナル駅でなければ、最寄駅から一番近いターミナル駅までどれくらい時間がかかるのか？　徒歩・自転車・自動車・公共交通機関では何分？　といったことも調べます。なぜなら、これらは賃貸需要へ関わってくる要素であるからです。

③　賃貸需要を調べる

賃貸需要は、不動産ポータルサイトで調べることができます。「ポータルサイト」は、インターネットで何かを調べようとするときに入り口となってくれるＷｅｂサイトの略称です。

ここでは、「ライフルホームズ」を使って調べます。「ライフルホームズ」には入居者向けの賃貸情報だけでなく、「ホームズ見える！　賃貸経営」（http://toushi.homes.co.jp/owner/）という大家さん向けサイトがあり、全国の空室の相場と入居率の相場がわかるので、大まかなマーケティングの予想が立てられます。

たとえば、「ホームズ見える！　賃貸経営」では、賃貸需要の旺盛な地域は検索回数によって色が変わるヒートマップがあります。

特筆すべきは、物件供給の割合、賃相場の割合、駅からの徒歩の割合、広さの割合、築年数の割合が、自分でまとめなくてもある程度の数が出てくることです。大きな枠組みとして市や区など、大きいくくりの平均相場も出ているので参考になります。

このように、ある程度「ライフルホームズ」で情報を得た時点で、自分の物件に対して実際の供給されている物件の数を把握し照らし合わせてみます。

そのときに参考にするサイトは「アットホーム」や「ＳＵＭＭＯ（スーモ）」です。「ホームズ見える！賃貸経営」では、エリアの区切りが大きいため、実際の掲載数を確認してライバル物件や供給されている物件の家賃の相場を確認します。

ネットを使ったリサーチのもうひとつの便利なツールとして、「ＳＵＭＭＯ賃貸経営サポート」の「賃貸相場、設備チェッカー（https://www.suumo-onr.jp/checker）」を紹介します。リクルートの住宅ポータルサイト「ＳＵＭＭＯ（スーモ）」のデータベースを利用しており、物件名と部屋番号を入れると家賃相場や近隣との設備の優劣がわかるため非常に便利です。

④　ライバル物件を調べる

物件の周辺には必ず「ライバル物件」があります。入居者が賃貸するに際して条件などが同じなので、どちらにしようかと迷う物件のことです。

ライバル物件が多い地域は、そのレベルの物件への入居希望者が多くいるとも読めるわけですが、それは同時に、周囲にはどれくらいのライバル物件があるのか、その数を把握すること、そして入居率も調べる必要もあります。

たとえば「アットホーム」では、「地図から探す」という検索があり、マップ上にライバル物件が表示されます。検討中の物件があるのであれば、同程度の条件を持つライバル物件の掲載数も調べていきます。さらにその中で条件を絞っていきましょう。

次に近隣ライバル物件の家賃・築年数・駅からの距離・設備などを確認しましょう。

物件の現地調査をすべての物件で行わなくても、このようにWebにて家賃の相場が把握できます。

このようにしてWebマーケティングを行っていきます。スマホなどを活用すれば、仕事の合間の時間でもマーケティングができます。

札幌、仙台、東京、名古屋、大阪、広島、博多の7都市のマーケティング情報については、『不動産投資エリアデータブック』(秀和システム刊)にまとめられていますので、そちらを参考にしてください。

3 ヒアリングは多いほど正確になる

Ｗｅｂマーケティングを行った後、物件を記載している客付会社に連絡を入れます。現地調査の際に直接訪問して聞くのが良いのですが、まずは最低限、電話で問い合わせして自分の物件の築年数や構造、家賃とか間取り、同じ間取りの平均賃料の相場、新築の家賃などの情報を把握します。ここで、自分の物件の家賃と最低家賃の乖離を把握することによって、客付けのしやすさを予想できます。

というのも、賃貸情報サイトに掲載されているのは、入居が決まっていない空室です。家賃が安い場合は、家賃の低いほうから上位に掲載されますので、物件の入居を考えている人には目に止まりやすくなります。家賃相場を知ることによって、逆に未来の相場もみえてきます。自分の購入しようとしている物件と同じような間取りや広さで築年数が古い物件が見つかれば、それが数年後の自分の相場ということです。

ただし、最新設備を入れるリノベーションやリフォームを行うことによって、相場家賃よりも高い家賃設定にもできます。その際にはライバル物件との比較によって、この地域ではないものを導入するのがポイントです。

そのため現地の管理会社もしくは賃貸仲介会社の相場観で、この物件だったら埋まる可能性があるという情報や見立てを把握しておきます。

そのためにも現地で生の情報を聞くことによって、より情報を確かなものにするのです。

■ヒアリングを行う業者

インターネットで近隣のライバル物件の有無や家賃相場を調べることができますが、さらに現地の不動産業者にもヒアリングを行います。ここでは、その業者の選び方をお伝えします。駅前、または主要な幹線道路沿いには、お客さんが多いため賃貸仲介の取り扱いの数が多い業者が集まっています。また大手フランチャイズの業者にも注目します。アパマン、エイブル、ミニミニ、ピタットハウスなどの大手のフランチャイズ系列の不動産業者は、賃貸の仲介が得意ですので、豊富な情報を入手することが可能です。

その他、地域によっては古くから営業している地場の不動産業者が、その地域の賃貸事情を詳しく知るケースも多いでしょう。長く経営しているかどうかは、その会社も宅地建物取引業免許証番号の（ ）内の数字を目安にすることができます。

たとえば「東京都知事（1）第〇〇〇〇〇号」と記載している業者は開業して5年未

満です。ルールとしては、新規で免許を受けたばかりの業者は「（1）」となり、以降、5年が経過するごとに免許が更新されて1つずつ番号が増えていきます。開業6年目の場合は「（2）」、11年目の場合は「（3）」となります。

ヒアリングは1社だけでは、情報の偏りのでる可能性があります。そのため最低でも3社に行いましょう。フランチャイズ経営2社、地場の不動産業者を1社選ぶのが目安となります。可能であれば、5社以上ヒアリングすると、情報の精度がより高くなります。

現地の不動産会社に聞くべきポイント

購入したいと思うような物件を見つけたとき、どのような手順で行動を起こせばいいのか。そして現地の不動産会社には、具体的に何を聞けばいいのか。その点について解説します。具体的には、次の7項目を確認します。

①地域の入居率

業者を訪問した際のその地域の入居率ヒアリングは、できるだけ自分の購入する予定の物件スペックに対して確認します。たとえば、シングル物件であれば、シングル物件の入居率をヒアリングします。

②人気のある設備や内装

Ｗｅｂマーケティングの際には賃貸相場だけでなく、その地域の人気の設備ついてもあらかじめ調べておきます。そして、不動産会社へのヒアリングの際には、Ｗｅｂマーケティングで得られた内容が、本当にその地域で人気があるかについて検証しましょう。

地域や間取りによっては、設備がついているのが当たり前で、競争力にならない場合もあります。逆に全く設備がついていなくても、問題がなく入居付けができていることもあります。

もちろん、ファミリータイプなのか、単身者タイプなのかによって、人気の設備は変わってきます。単身者向けでは、特にインターネット無料に対応できているというのが強みとなります。くわえて最近、人気が高まっているものに宅配ボックスがあげられます。

これがファミリータイプであれば、防犯カメラやオートロック、電子キーなど防犯に関する設備が人気がある傾向があるので、その辺についても詳細にヒアリングをしてください。

図表3―2　入居者に人気の設備ランキング2017

単身者向け物件

順位	設備
1位	インターネット無料
2位	エントランスのオートロック
3位	宅配ボックス
4位	ホームセキュリティ
5位	ウォークインクローゼット
6位	浴室換気乾燥機
7位	TVモニター付きインターフォン
8位	独立洗面化粧台
9位	防犯カメラ
10位	システムキッチン

ファミリー向け物件

順位	設備
1位	インターネット無料
2位	エントランスのオートロック
3位	追いだき機能
4位	宅配ボックス
5位	システムキッチン
6位	ホームセキュリティ
7位	浴室換気乾燥機
8位	ガレージ
9位	ウォークインクローゼット
10位	防犯カメラ

出典：全国賃貸住宅新聞

③家賃相場

家賃相場はいくらなのか。自分の物件スペックを伝えて、いくらであれば客付けすることができるのかを聞きます。

過去の賃料の相場などを確認するというのが重要です。とくに「この金額であれば、必ず入居がつく」という下限家賃は、必ず把握します。

④敷金、礼金、広告費

敷金、礼金の相場、客付けをする際の広告費は、何カ月が相場なのか確認します。

かなり客付けの競合が激しい地域、あるいは、お客さんのパイそのものが少ない地域では、空室期間が長く客付のために多額の経費が発生することもあります。

エリアによって違うのですが、たとえば、広島のように敷金礼金が取れる大家の負担が少ないエリアがある一方で、福岡や札幌といった敷金礼金0で入居付けしなければいけない競争が激しいエリアもあります。

⑤顧客属性

物件のあるエリアには、どのような入居者からニーズがあるのかを確認します。

大学の近くにあるシングル向け物件や、大企業に依存した物件に関しては、その大学や企業が移転、または撤退をした際に、物件の賃貸に対する影響が大きいため注意しましょう。

企業や大学によってはすでに移転計画が発表されているケースもあります。そのあたりの最新情報も、現地またはインターネットで確認をしておきます。

⑥物件の需要シーズン

一般的に不動産物件は、引越しシーズンといわれる1～3月が繁忙期です。もしくは移動の多い10月です。エリアによって違いますが、雪国では繁忙期が1～3月ではなく5～6月のところもあります。

賃貸需要を調べるのに一番は、入居者からの問い合わせ数です。1週間もしくは1カ月の単位でどれくらいの人が来ていただけるかというのをしっかり聞きます。

⑦今後のマーケットの動向

地域のマーケット動向も業者ヒアリングの際に確認しておきます。できるだけ発展していく地域のほうが賃貸の賃料も安定します。なお、マイソクではわからない地域の情報というのは、現地の管理会社が話をしてくれる可能性があります。

4 ポジショニングとUSPとは？

【ステップ3】環境分析に基づき、どのような「リフォーム方針」にするか決める

よく「方針なんて決めなくても、良いリフォームをすれば満室にできるのでは？」という意見も耳にします。しかし、入居者が求めていないリフォーム、営業マンが案内したくないリフォームをしても効果は期待できません。あくまで「満室にできる」という前提があって初めて、リフォームにかける予算が決まるわけです。

そこで重要となるのが、前述した「環境分析」です。これは、「全国投資マーケティング」という手法を使います。

具体的に言うと、スーモやライフルホームズで、どういう物件が近隣にあるか、家賃を含めた募集要件はどうか、内装としてどういうのが入っているかなどをチェックします。「SUUMO（スーモ）」の賃貸相場チェッカーにかけると、人気の設備が出るので活用します。これを怠ってリフォームをしても結果は出ません。

くわえて、ライバル物件がどのようなリフォームを行っているかということも重要な

チェックポイントです。

こうしたマーケティングをしたうえで、自分の物件がどこを狙っていくのか方針を把握しましょう。

基本的な方針としては、「バリューアップしてハイポジションを狙う」か、「安く済ませてローコストを狙うか」の2つしかありません。

前者は、たとえば最新設備など付加価値をつけて高い家賃をもらう方針です。ニッチとはいえますが、ハイプライスになる可能性も秘めています。

後者は、アクセントクロスや小物など小じゃれたテイストを入れて、見た目を良くするものの、コストは最小限に抑える方針です。前者と違い、最新設備を付けるのではなく、色彩や見た目でインパクトを残して成約に結び付けるのが特徴です。

ローコスト方針のほうが簡単とはいえますが、その分真似をされやすいのがデメリットです。部材の仕入れからやっているということなら話は別ですが、小手先のテクニック論になりがちです。

いずれにせよ、お金をできるだけかけない物件にするのか、お金をかけて希少価値の高い物件にするのかによって、採るべき方針（特に予算の考え方）は違ってきます。

ただ予算のかけ方は、満室時の家賃からの逆算になるので、家賃3万円と10万円の物件では当然異なるわけです。家賃が高いのであれば設備を最新にできますが、低ければ見た目を変えるだけで精一杯ということもあるでしょう。

したがって、バリューアップ方針を採って2年間くらいはハイプライスを維持できるのであればいいでしょうし、逆にローコスト方針は劣化していくことを考えると1年以上は厳しいので、満室時の家賃から考えることが大切です。

ポジショニング

方針決定にあたって、最も重要なものは「ポジショニング」です。商品やサービスを、誰に、どの規模で提供するかによって、市場のポジショニングが変わります。そして、ポジショニングが変わることで、商圏も変わります。そのポジショニングを明らかにするにあたって有効な方法が全国投資マーケティングで得られた現状の環境分析を前提とした「SWOT分析」です。

具体的なSWOT分析の仕方

まず、対象物件のマーケティングをしたら、その情報を並べ替えてどのように使えるかを整理しましょう。

まずＳＷＯＴ分析の表の枠内に、対象物件のマーケティング情報を書き込んでいきます。大家物件自体の強みを見つける分析方法としてＳＷＯＴ分析は、非常に便利なツールなので、ぜひ使いこなせるようにしてください。

この「ＳＷＯＴ分析」を実行することによって、その物件の外部環境（機会、脅威）内部環境（強み、弱み）を表分の個別の存在がどうやったらうまくバランスをとって運営していけるのかが、見えてきます。これがその物件のポジションです。

巻末の特別特典として「ＳＷＯＴ分析テンプレート」をダウンロードできるようにしました。このテンプレートを使って、ぜひご自分の物件のＳＷＯＴ分析を行ってみてください。

図表３—３　ＳＷＯＴ分析

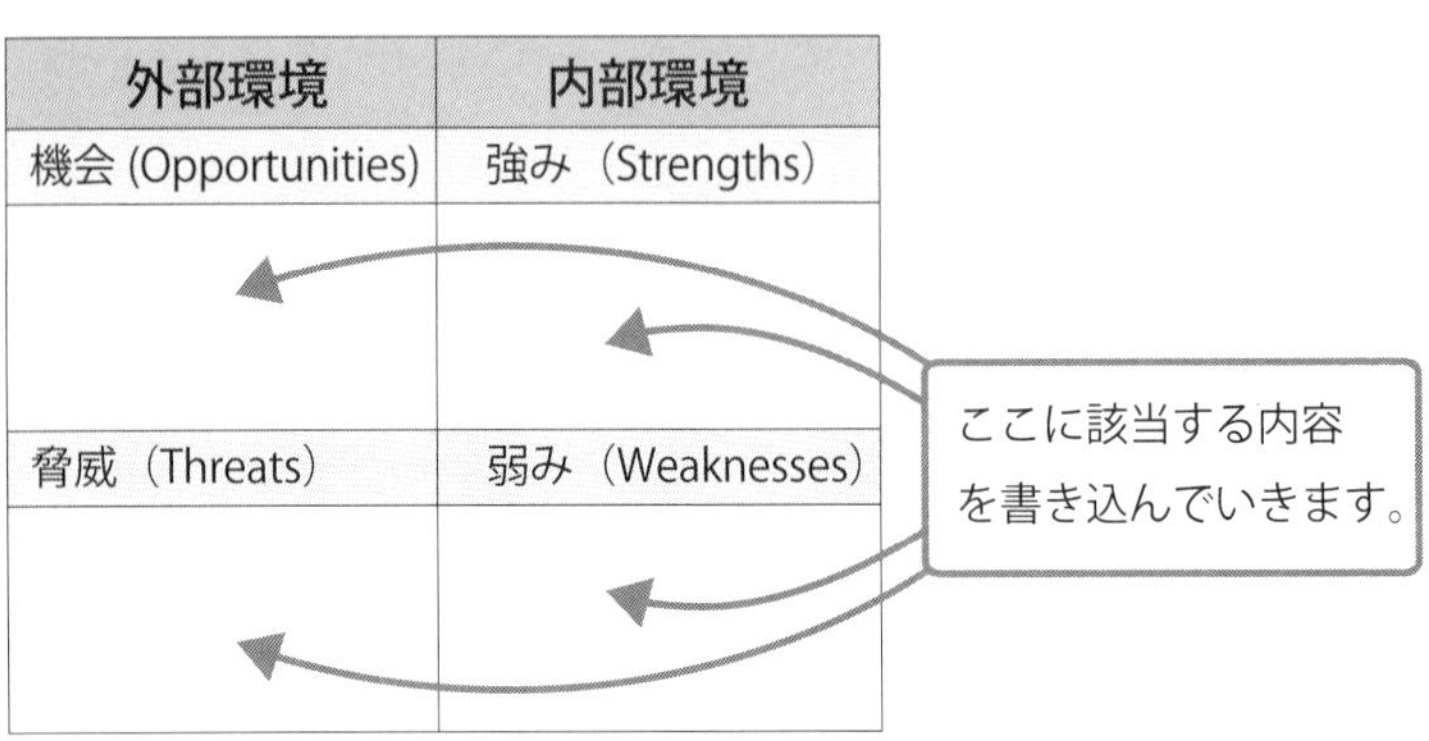

外部環境	内部環境
機会 (Opportunities)	強み（Strengths）
脅威（Threats）	弱み（Weaknesses）

ここに該当する内容を書き込んでいきます。

SWOT分析の事例

会員Aさんは、購入したRC造マンションの最後の1室がなかなか埋まらず困っていたところ、また1室、また1室とあれよあれよという間に5室まで空いてしまいました。これがもし1室空いた時点で全力で対策をしていれば、ここまでならなかったかもしれません。順調だと思っていた賃貸経営に訪れた大きな試練でした。「この物件を購入したのは失敗だったのではないか、これ以上空室が増えたらやっていけないかもしれない」とも思ったそうです。

こうして問題を先送りにしていたAさんですが、ようやく動き始めました。まずは管理会社を訪問して、現状の情報収集と分析を始めました。そのマーケティングリサーチの結果、以下のようなことが判明しました。

図表 3―4　環境分析の結果

情報収集	分析	対策
「もっと家賃が安いところに引っ越します。」（退去時アンケート）	競合物件調査 収支シミュレーション	家賃を維持するのか、家賃を下げるのか。 リフォームをするのかどうか。 ターゲット再設定
その他サービス面で改善できるところはないか。	競合物件調査	余った家具家電を設置。（家賃を維持） 借り上げ駐車場検討
遠隔地大家で管理会社から後回しされていないか。	確かに訪問頻度が下がっていたかもしれない。 訪問してもマンネリ化していた。	何とか一言言いたい。 →怒ったカミさんを同行 →毎週状況確認
物件の手入れはどうか。	粗大ごみ放置 共有部が汚れているかも。	粗大ごみ撤去 共有部高圧洗浄

そうして、以下のようなＳＷＯＴ分析による仮説を立てました。

図表3—5　ＳＷＯＴ分析による仮説

外部環境	内部環境
機会（Opportunities）	強み（Strengths）
繁華街近く 転勤族需要	県内メイン駅近物件 2LDKの割に家賃が安い 外国人、生活保護OK
脅威（Threats）	弱み（Weaknesses）
新築アパートの増加 物件の老巧化 車社会	駐車場がない 築古、スラム感 退去時リフォーム費用が高額

競合物件としては、Aさんの物件から車で5分から10分行ったところに駐車場付きの新築アパートがあり人気を集めています。新築でありながら家賃は同価格です。地方都市であるがために需要のボリュームゾーンは、「駅近でなくても良いから、駐車場のある物件」のようでした。

Aさんの物件は駅近にありますが駐車場が足りません。この物件で駐車場を確保すると、それらのよりもだいぶ高くなってしまいます。本来なら、駅近立地を生かして差別化したターゲットに高家賃で住んでもらうのが理想でしょう。

しかし、Aさんは「一刻も早く満室にしたい」と焦っていました。そのために、いくつかの対策を検討しましたが、家賃5000円を下げるのが簡単だという情報は管理会社から得ていました。

もともとの希望家賃で募集をするのであれば、長期入居者の退去後ということもあり、1室あたり60万円程度かかり、すべての部屋をリフォームするには約300万円の資金が必要です。またリフォームする時間と、じっくり募集する時間が必要です。当然ですがこの間に家賃は入ってきません。

図表 3―6

家賃を維持する場合	家賃ロス　0円 リフォーム費用 600,000円×5室＝ 3,000,000円 空室長期化ロス 55,000円×2.5室×12か月＝1,650,000円	4,650,000円
家賃を下げる場合 （36カ月）	家賃ロス 5,000円×5室×36カ月 ＝900,000円 リフォーム費用 250,000円×5室＝ 1,250,000円	2,150,000円
	売却金額ロス 5,000円×5室×12カ月÷10%	3,000,000円 合計 5,150,000円

図表3―6は、リフォームして家賃を維持するハイプライス方針の場合と、家賃を5000円下げて部屋はそのまま募集するロープライス方針の場合の比較です。

結局Aさんは「家賃を下げる」「リフォームを行う」の両方を行いました。部屋の状態が良い部屋はリフォームを行うことをせず家賃を下げて対応したところ、管理会社にとっても紹介しやすく、優先してもらうことでどんどん決まっていきました。1室はリフォームを行ったところ希望家賃で入居が決まりました。こうして、繁忙期が過ぎた後でも3カ月程度で満室になったのです。短期間でキャッシュフローが回復したので、満足のいく結果となりました。

【ステップ4】リフォーム方針に合わせた「リフォーム戦略」の策定

ステップ3で環境分析により、SWOT分析を行って、具体的な方針を検討しました。ステップ4では、この施策に基づいたリフォーム戦略を作ります。リフォーム戦略を策定するにあたっては、次の要素が必要になります。

■USP

「USP」とは「Unique Selling Proposition」の略で、日本では「独自の売り」ある

いは「独自の売りの提案」として知られるマーケティング用語です。賃貸経営の場合には「物件の強み」、具体的には、建物や設備、イメージ、外観、リフォームがきちんと施されているか、清潔感があるかなどを指します。

USPは、商品やサービスのコンセプトを特定のユーザーに価値があると認識してもらい、市場での「ポジショニング」を確立しようとするマーケティング手法のことです。USPに基づいた賃貸経営を行おうとすれば、より入居者に支持され、満室経営になる可能性が上がるでしょう。

最近では、趣味や嗜好なのでより明確にコンセプトを確立し、より明確にターゲットを絞って、成功している例もあります。

・バイクや車好きのためのガレージハウス
・サーファーズシェアハウス
・猫好き専用アパート

これらの強いコンセプトを持った物件は、供給が少ないことが多いために、競争力も持ちます。

またUSPの1つの事例として最近話題になっているのが、「ステージング」です。ステージングとは、部屋の中をモデルルームのように見せて、生活するイメージを作ることを指します。

設備以外で差別化を図る場合、「同じ金額・同じような間取りだったとき、お客さんだったらどっちを選ぶか?」と考えることが大切です。

つまり、同じ土俵にのっているライバル物件と比べて何が強いのかを明確にするということです。これがいわゆるUSPです。お客さんから選んでもらえるようなエッジの効いた理由がないと、コンセプトとしては弱いということです。

コンセプトが弱いと、「たまたまそこを探していたから」「業者が上手くプッシュしてくれたから」というように、まぐれで入居が決まることになってしまいます。そうなると、今回は決まったけれど次は決まらないというリスクを抱えたままになるわけです。

人口が減少し空室率が上がっていく時代において、これくらいのことは考えておかなければなりません。

リフォームに出すときは、コンセプトを決めてから出すように心がけてください。物件の強みを最大限に活かすためにはどこをリフォームすべきかを考え、そのうえで業者に指示をするための図面をつくりましょう。

リフォーム業者に依頼するときには、「どういうリフォームをするのか」「リフォームの項目」「あたる業者のリスト」の3つを事前に用意しておきます。

一括見積もりで出してしまうと問い合わせがたくさん来て対応に追われることになるため、ホームページを見て良さそうな業者をリストアップしておくのが重要です。施工できるエリアは、会社によって得意・不得意があるのが実際です。

【ステップ5】リフォーム計画の実施

さて、リフォーム戦略が決まったら、具体的なリフォーム計画を立てて、実行に移ります。

いよいよ次章では、具体的なリフォーム計画の立て方についてみていくことにしましょう。

第4章

「コスト20％削減可能にする」リフォーム革命の全貌とは？

この章では、「リフォームコスト削減ワークフロー」（32ページ参照）のうち『【ステップ5】「リフォーム計画」の実施』について、具体的な計画の立て方について解説していきます。

1 仲介業者はどんな物件を積極的に案内するのか？

前章でみてきたとおり賃貸経営とは、「経営」という言葉が入ることからもわかるとおり、一般の企業経営と同じように経営戦略を立てる必要があります。

なかでも、「建物」は絶対的に動かせない現物ですので、入居者からみても、管理会社の客付けスタッフからみても、不動産屋会社の営業マンからみても魅力的にしておくことが重要です。特に、仲介業者の評価を上げておかないと、満室経営はできません。

仲介業者が優先的に客付けをするのは、以下のような物件です。

1　自社が所有している物件

2　自社が賃貸保証（＝サブリース）している物件
3　専任管理を受けている物件
4　一般の物件

普通に賃貸の仲介を依頼する場合、4番目に該当します。

では、このなかで優先的に案内してもらうためには、どうすれば良いのでしょうか。

まず、その仲介会社が決めている「パッケージ」を理解することが大切です。

パッケージにはたとえば、ワンルームの場合は予算的なものからみて、どういう順番に案内するかというコースが組み立ててあります。同様に、ファミリータイプでも2DKならこのコース、3LDKならこのコース、戸建てならこのコースというふうに必ず決めてあります。

仲介会社は、案内すれば決まるという入居候補者がいたら、こういったコースにのっとって、まず選ばれなさそうな物件を2つぐらいぶつけて、最後決め物件（クロージング物件）に持っていきます。時間がないときは、いきなり決め物件を提案することもあります。

その際、決め物件を案内するには、当然、「この物件なら決まる」という確証を営業マンが持てないと案内してくれません。

2 客付け営業マンが案内しやすい物件の10の特長

では、どうすれば自分の物件を決め物件に昇格してもらうことができるのか。方法は2つあります。

1つは、「条件の魅力」。もう1つは「建物そのものの魅力」です。

「条件の魅力」には、敷金・礼金がともにゼロ、賃料の総額が共益費・駐車場込、フリーレントが○カ月など、入居者が喜ぶものもあれば、広告料が高いなど客付け業者が喜ぶものもあります。

「建物そのものの魅力」も、以下の「10の絶対条件」がありますので、まずそこから押さえましょう。

①室内照明がすぐつけられるようにする

まず、玄関を開けて電盤のブレーカーを上げると電気がつくこと。仲介業者の営業マンがブレーカーの位置をわかってないケースが往々にしてあります。玄関の近くにあればすぐわかるのですが、洗面所のドア上にあるときはわからないので、事前にブレーカーの位置を伝えていくことは重要です。

また、玄関を開け、ブレーカーを上げて照明がついたときに、廊下から向こうが見えるように、リビングドアがある場合は、リビングドアを開けておきましょう。

リビングドアを開けることで、自然光が入って部屋全体が明るく感じられます。床にワックスをかけておけば、さらに好印象を与えられます。

②玄関にスリッパを置く

くわえて玄関には、土足厳禁のプレートをつけて、スリッパを置くのもポイントです。ワンルームだと3足、ファミリータイプは5足用意し、3足は並べて残り2足は下駄箱に収納しておきましょう。

③室内のほこり対策をする

入居者候補者は、玄関回りをよくチェックします。ですので、テレビインターフォンの上にほこりがのっていたり、ドアの取っ手が汚れていたり、ポーチの蝶番がキコキコという音を出して開いたりすると、マイナスイメージを与えてしまいます。

ですから、たとえばシリコンスプレーを使ってドアをきれいにしておくなど、ちょっとした工夫をすることで、気持ちよく案内してもらえるようになります。

④室内の臭い対策をする

また、臭いもかなり大きなポイントです。部屋に入ったとき、前の人の生活臭だったり、汚水の臭いだったり、下駄箱の臭いだったりがすると、良い印象は与えられません。

たとえば、和室の場合、塗装をしてない部分からは生活臭が出てくることがあります。なので和室回りの生活部分については、洗い屋さんにしっかり洗浄してもらうか、塗装する必要があります。

以下に比較的に安価で効果の高いリフォーム、設備交換について紹介します。

⑤玄関の土間を張り替える

ほかにも、玄関の土間の仕上げも注意しましょう。

通常、80～90センチの長方形が多く、スペース的には1平米未満です。よくその部分にクッションフロアを張っているリフォーム物件があるのですが、クッションフロアを張ると非常に汚れがつきやすいので、塩ビタイルをおすすめします。石目調、大理石、いろんな風合いと色があります。そのなかからコンセプトにあった土間を張ると、部屋の雰囲気が大きく変わります。

よく「まだ使えるからといって張り替えない」という方がいるのですが、ほんの３０００、４０００円ほどで部屋のイメージが上がるわけです。

他にもたとえば、各住戸の玄関ドア横の扉名札なども古びて見える場合は交換するのもいいですね。キョーワナスタという会社の15センチ×25センチのプレートが10枚入ったお買い得なパックがあります。ですので、そこは必ずリフォーム業者に依頼しましょう。ほかの工事も一緒に出すと安く済ませられるはずです。

ドアを開けて部屋に入ったとき、玄関の下は誰もが見ますが、天井はそれほど見ません。そのため天井は張り替えなくてもいいという考え方もできますが、土間は必ず新品に張り替えましょう。

⑥モニター付きインターフォンを選ぶ

インターフォンは、音が鳴るだけの旧式タイプでしたら、パナソニック等のインターフォンに交換しましょう。こちらもコスト的には１万円前後プラス取付費なので、１万５０００円以内に収まります。

図4－1　モニター付きインターフォン

インターフォンを替えると、部屋のなかにシールが貼ったモニターがつきます。すると、新品だというのがわかるのです。

よく前の入居者が使って画像を消してないと、古いイメージを与えてしまうので、継続して使うのなら、データをすべて消しておきましょう。これはリフォーム業者や管理業者に言えば対応してくれますので、忘れないよう気をつけてください。

⑦バルコニーのパーテーションも確認する

見逃しがちなのが、バルコニーの隣の部屋との間にあるパーテーション（フレキ板）です。火災などのときに隣へ逃げることができるよう割れやすくなっているのですが、意外とひびが入っていることがあるので、管理会社やリフォーム業者に確認するよう伝えておく必要があります。

また、パーテーションには45センチ×50センチ程度の注意書きシールが貼ってあるのですが、年数とともにはがれてきます。これも放置しておくと、入居候補者にマイナスイメージを与えるので注意が必要です。

そういった点は、管理会社に伝えればやってくれるものですが、新しく物件を購入したり、新規の管理会社に依頼したりする場合、初動のコミュニケーションが重要になりますので、伝えるべきことは伝えて侮られないようにしましょう。

⑧色や小物でアクセントをつける

壁、床、天井をクリーニングしたり、設備を更新したりしても、それだけでは競合物件との差別化ができているとはいえないケースもあります。

そこでおすすめしているのは、色や小物でアクセントをつけることです。

色に関しては、見込み客ゾーンに対して、あらかじめコンセプトづけして選びます。ただ、自分だけで選ぶと失敗する可能性もあるので、カラーコーディネーターの意見を聞くのも一手です。

今は非常にたくさんのインテリアコーディネーター、なかには賃貸物件特化型のコーディネーターもいるので、雑誌などを見て情報収集することも大切です。

ただ、リフォーム業者や職人さんは色の専門家ではないため、相談しないよう心がけてください。なかには感覚のいい方もいますが、基本的には職人さんは張ることが仕事で、色を選ぶことではありません。任せるときは、必ず色番・そして品番を指定するようにしましょう。

もし指定をしないと、そのときに在庫があるものを「こちらが安いですよ」とすすめてきます。材料メーカーは、年に2回棚卸しをします。そのときに、たとえばクロスだと、50メーターの巻きを何十本と業者さんに安く販売します。こちらの要望が何もないと、そういう安値で仕入れたものを使われる可能性があるのです。

図4－2　小物アクセント例1

図4－3　小物アクセント例2

⑨インテリアを工夫してモデルルームをつくる

次に家具です。賃貸マンションでもモデルルームをつくったほうがいいでしょう。一番いいのは、ファミリータイプなら、ＬＤＫの部分にテーブルとチェアを置くことです。このときのポイントは、「リゾート感のある、実用的でないもの」を選ぶことです。

実用的なものを置くと、生活感が出ます。それよりもあくまでディスプレイという前提でモノを置いたほうが、効果が高いです。テーブルも普通の４本脚ではなく、真ん中に収束して開いたような感じで天板は強化ガラスのものを選んだりします。

ＩＫＥＡなどの家具屋に行くと、そういった商品が買えますし、海外のディスプレイの仕方を学べるのでおすすめです。

また、ＩＫＥＡでは家具だけでなく絵画のポスターがたくさん販売されています。額に入った状態で、３０００円くらいから購入できます。

ワンルームの場合は、都会的で洗練された絵でもいいかもしれませんし、ファミリータイプの場合は、夕日に島影があるリゾートを連想させる絵でもいいかもしれません。

購入した絵は、壁にかけるのではなく、柱に立てかけるようにして床に置きます。このとき、近くにフロアスタンドを置いて電気つくようにすると、さらに印象が良くなります。

図4－4　モデルルーム例

「そこまでしなくても……」と思った人もいるかもしれませんが、こうした細やかさが人の心を打つことは往々にしてあります。

⑩ウェルカムバスケット・大家からの手紙

ほかにも、下駄箱に〝ウェルカムバスケット〟という籐のバスケットを置いて、物件周辺の利便性の情報（コンビニの場所、ごみの収集日など）を入れたり、オーナーからの「ご内見いただきまして、ありがとうございます」と書かれた手紙を入れたりします。

こうすることで、特に女性だと「このオーナーは素敵な人だな」と思う可能性が高まります。

通常、何の工夫もしないと、玄関→リビング→お風呂→洗面化粧台→というように淡々と見学されて、それで終わってしまいます。

しかし、滞在時間を長くする工夫をしたらどうでしょうか。

たとえば、キッチンです。たとえ古いキッチンであっても、ガラスの器に入ったサボテンが1つ置いてあるだけで、おしゃれな演出をしてくれるはずです。

また、小物を置いたり色を工夫したりすることで、物件を案内している仲介業者さんの「話のネタ」になります。普通は「ご家族何人で住まわれるのですか？」「いつごろご結婚されるのですか？」など通り一遍の話なわけですが、部屋に工夫が施されていたら、「ここのオーナーさんはとても気遣いがある方で〜」とオーナーである皆さんへの話まで発展させられます。

客付け営業マンにとって、話のネタができることは非常に心強いものです。クロージングするための武器が増えるからです。

このようにリフォーム計画を立てる前提として、まず客付けの営業マンが決め物件として営業したくなるような建物の魅力をイメージすることが重要です。

→ 管理会社様にとっても確信がもてる物件であれば、成約につながりやすい。商品価値を高めることを考えていきましょう。

図4－5 ウェルカムバスケットなど

3 リフォームするならこの5箇所にお金をかけなさい！

前節で客付け営業マンが案内しやすい物件の特長を解説しましたが、これに基づいてリフォームのどこにお金をかけるべきか説明していきます。

①室内のクリーニング

リフォームにおいて、最もコストが安く、かつ効果が期待できる方法は何でしょうか？

それはズバリ「クリーニング」です。専門用語で「洗い」といいます。

「洗い」でいうと、当然のようにピカピカにすることを目指すわけです。ただ、表だけでなく裏の部分までしっかりやっているでしょうか？

もしくは蛇口でしたら、蛇口の下・顎部分もしっかり磨いているでしょうか？

金具だと、鱗のようなものが出ないよう、きちんとブラシで洗っていますか？

まずはこういったことを確認することが大切です。

②共用部の照明

　また、共用部の照明は明るさを維持しないと防犯上も良くないですし、逆に照明器具が多すぎると定期的に器具の交換が必要になります。管理会社は夜間巡回しているわけではないので、入居者が気づくことになるのですが、そこを管理会社に連絡がいくような仕組みをつくる必要があります。

　以前、創業以来ずっと赤字だったハウステンボスをＨＩＳの澤田秀雄社長が経営再建したとき、翌年には黒字になったわけですが、その大きな要因は「光のイルミネーション」でした。また、三重県の「なばなの里」も東洋最大のイルミネーションということで、関西方面では盛ん

図4－6　ハウステンボスの光のイルミネーション

に宣伝されています。

つまり、それぐらい光の持つ魅力は強いということです。

仕事をしている入居者さんが帰って来たとき、マンションがぱっと輝いていると、それだけで誇らしい気持ちになったりするものです。

また最近だと、共働きのご夫婦が現場見学に行くとき、夕方、もしくは夜を選ぶケースがかなり増えています。そのとき、しっかりした照明があるだけでも、与える印象は大きく変わるはずです。

③共用部のクリーニング

共用部の清掃ができているか否かは大きな問題です。

「割れ窓理論」をご存知でしょうか？　これは、ニューヨークで空きビルの窓が破られたりしていたのを、１９９４年当時のジュリアーニ市長が市のお金で直すことで治安が向上したという話が元ネタになっています。

人は、ゴミが捨てられているのを見ると、「ここは捨てていいんだ」と思って自分も捨ててしまいます。しかし、きれいな場所だと、ゴミを捨てる気になりません。

これはマンションでも同様です。共用部は一度汚れはじめると、清掃をいれない限り、きれいになることはまずありません。

特に築古のマンションの場合、1階に掃除好きな高齢者が住んでいるケースが多く見受けられます。もしくは、足音を気にしている小さい子どもがいる若い家族などです。1階に住みたいという層は一定数いるのが実際です。

④洗面化粧台

洗面化粧台でシャワーカランが付いてない、温水と冷水が2ハンドルになっているのをシングルレバーにするということなら、今は、新しい商品に取り換えたほうが安くて見栄えも良いです。

安く買うという方向でいくと、間口の幅が600ミリではなく750ミリのサイズが設置できるのであれば、金額の差は数千円にしかならないので750ミリを選びます。

⑤キッチン

キッチンは、ベースがしっかりしていれば、ダイノックシートを貼って、裏側に折り返し1センチぐらい折り返すと、きれいに仕上がります。これで新築のようにきれいに仕上がります。

キッチンメーカーのショールームで、最新トレンドの扉デザインを採用するとヒットします。

天板のステンレスはそこまで傷むものではないため、きれいに磨き上げればピカピカになります。

ガスコンロ台は劣化が激しいので、ステンレス板を張るかガスコンロを設置した状態で新しく設置します。今なら1万数千円でガスコンロは購入できます。

こうしたことをやっていくと、通常ファミリータイプだと9カ月分ぐらいかけているリフォーム費用（6カ月のリフォーム費用、仲介業者へ2カ月、工事期間、募集期間で1カ月）は、5年（60カ月）住んでもらえれば約14％で済むわけです。

どれだけ短い期間で工事をして、基本コストを下げて、見栄えを良くして、早く入ってもらうかは、仲介業者さんに広告料を2、3カ月払うことができれば、案内の確率が上がります。

案内の確率が上がると、当然、成約する確率も上がります。仲介業者も、物件の美しさよりも仲介料の多寡によって、モチベーションは変わってきます。

彼らの収益機会を増やすことで、仲介業者さん、入居者さん、工事業者さん、またオーナー自身も、みんながいい物件を扱えてよかったね、というふうになればいいと思っています。

4 「洗管工事」の重要性

営業マンが案内しやすい物件の特長の1つに臭い対策がありました。臭い対策の際に役立つ方法として、排水管の汚水管、雑排水管の洗管工事があります。

この工事は雑排水管、汚水管を、車に積んである大きな高圧洗浄ができるホースをマンホールに入れます。

そして、マンションはワンフロアーあたり2戸に1戸の縦管があるので、そこを逆噴射させて登らせていきながら、その圧力で管の周辺についた汚れを落としていくという作業です。

管は硬質の塩ビ管を使っていますが、その中にもカス（汚れ）が溜まっていきます。特に横引き管の部分は非常に汚れ（白っぽい石灰のような石＝尿石（にょうせき））が溜まりやすいといえます。

もっとも大きいのは匂いです。古い建てものには独特の臭いがしますが、それは排水管の尿石からくるものです。建てもの自体の匂いもありますが、尿石であるケースが多いです。

洗管工事は法律で定められているわけではないので、優先順位が低くなりがちです。しかし、臭いの原因は排水管にあったというのはよくある話です。

よく洗面化粧台や流し台にラップで蓋をして臭いが上にあがってこないようにしている人がいますが、これはあまり意味がありません。臭い対策として、単に芳香剤を置くのではなくて、下水管を洗浄することで匂いを元から断つことが大切です。

これらを放置していると、当然詰まりの原因にもなりますし、場合によっては1階のトイレや台所がゴボゴボと咳をしたり、逆噴射したりする恐れがあります。

たとえば上層階の人がトイレを使ったり、お風呂のお湯を流したりしたときに、そういう現象が起きます。一度に大量の水が排水されると、詰まっている部分があるためある逆流してしまうわけです。

そのため分譲マンションでは毎年1回、この作業を行っています。ただ賃貸マンションでは、ほぼ実践されていません。私はいろいろな方にすすめているのですが、なかなか重要性を理解してもらえませんが、一度の洗管を実施すると、入居者から喜ばれるので、退去防止になります。

洗管工事は専門業者に依頼しますが、管理会社に言えば手配してくれるはずです。

コストは配管の系統にもよりますが、15～20戸以上の物件規模だと、1戸あたりだいたい1万円から1万2000円ぐらいです。3年に一度行うとすると、年間で数千円、月当たり300円程度です。それで臭いや逆流のリスクがなくなるので、コスパはかなり良いと思います。緊急対応になれば5万円くらいかかってしまうので、定長期修繕計画に入れて期的に作業しておくことをおすすめします。

逆流は、3年くらいだと大丈夫ですが、5年放置していると高確率で発生します。トイレの場合、流れずに縁まで上がってくるので、1階の入居者さんに迷惑がかかります。逆に、上層階で発生することはまずありません。

賃貸経営オーナーの方々は、お金をかけたくないという気持ちが先行しすぎて、予防の意識が薄いと感じています。

洗管工事は保険と同じ考え方です。保険料を支払うのは、突発的な事故にあったとき補償を受けられるからです。毎月出費をするのは損した気持ちになるかもしれませんが、トータルのコストで考えれば得だといえるのです。

では、なぜ賃貸の管理会社は洗管工事を提案しないのでしょうか。マージンを取ればビジネスとしても成立するようにも感じます。

理由の1つは、すでに管理費の中に組み込んでいるというケースがあります。社名は伏せますが、ある会社の管理物件は新築だと安いのですが、築20年だと数万円単位で取られたりします。おそらく、費用の中に洗管工事代が含まれているのでしょう。

ただ、合理的な説明がないまま、一律に同じ金額を取られているというのは、投資家視点からみると納得できないでしょう。同じ築20年の物件でも、状態は異なるからです。


繰り返しになりますが、洗管工事は必ず行うべきです。特に3階以上の建物は、勾配によって対流が生じますので注意が必要です。あとから気づいた場合、別の道から排水管をつくらなければならないため、それなりのコストがかかります。

先日、ある物件で洗濯カランが、壁から出る手前の部分から、水漏れして室内には水がビュッと吹いていてなかったのですが、下の階のトイレの天井に出てきました。

単なる水漏れではないなと思ったので、建てたゼネコンに全部調査してもらったのですが、非常に大がかりでした。幸い全額保険で対応することができました。

こういったことがあるため、やはり入居者さんの気づきを吸い上げるような管理会社のシステムにしておかないと、手遅れになってからでは被害が大きくなってしまいます。

ただ、入居者さんのほうも黙っていることは珍しくありません。退去したとき、床がべコベコしているのを見つけるなどのケースはよくあるでしょう。

　ですから、退去されるときには「住んでいて不具合なところはありませんでしたか?」必ず聞くことが大切です。

　こういったリスクは、質問をすることで「そういえば、換気扇の音がちょっとうるさいときがありました」などと意見が出てくるはずです。それを退去のときではなく、途中段階でヒアリングできていればリスクは軽減できます。

　できれば管理会社にアンケートを取ってもらうなど、状況を報告してもらえる仕組みをつくることが大切です。

図4－7　洗管工事例　（参照元　アルフィアス　ウェブサイトより）

5 リフォーム業者の「収益構造」と「リフォーム工事価格」のカラクリとは？

今までは、どこに重点を置いてリフォームをすべきかについてみてきました。

この節では、実際にリフォームをする際に、リフォーム工事価格がどのような構造でできているのかについて、まずはしっかり理解していきましょう。

基本的におすすめするのは、リフォーム業者をたたいて安くするということではなく、物件のＵＳＰをオーナーがきっちりとつくり上げたうえで、具体的なリフォーム工事の指示を出して見積もりを取る、ということです。

専業のリフォーム業者は、20年ぐらい前から出てきました。現在は、折り込みチラシにあるように各地域で存在しますが、１９９５年の阪神淡路大震災のあたりまでは、工務店系の会社がリフォームとか修繕も行っているのが通常でした。

現在、リフォーム業者は６つのタイプに分かれています。

①工務店系のリフォーム業者

大規模修繕を専門にしている業者で、間取り変更を伴う大規模なリフォームを提案したり、スケルトンにして300万~500万円くらいを目指していることが多いといえます。

②内装系のリフォーム業者

内装職人が独立してリフォーム会社を立ち上げたケースが大半です。内装、クロス、クッションフロアなどの原状回復工事は比較的安価ですが、それ以外のことを頼むと、異常に高い見積もりが出てきます。わからないから安全のため高く取る、という考え方もあるようです。

③設備系のリフォーム会社

水道屋さんがリフォームを行うタイプです。設備のリニューアルを必ずすすめてくるので、設備リフォームが必要ないなら、このタイプは高くなる可能性があります。

④ハウスメーカー系のリフォーム会社

ここ10年ほど、ハウスメーカーは新築でない仕事についても手を伸ばし始めています。

たとえば、場の小さい業者を自社物件から排除するため、５万～10万円の賃貸物件のリニューアルでも乗り込んできます。手間はかかるけども、マーケットシェアを取ることに必死なので、彼らはどんどん参入してきます。

挙句の果ては、大規模改修や建て替え、もしくは長期借り上げ保証をよくすすめてきます。ですが、主な対象はリテラシーの低い地主系のオーナーです。筆者の所有物件にも、ハウスメーカーが建て替えのために立ち退きを迫ったため、住居を探している方が入居申し込みされました。

そういった現実をみていると、ハウスメーカーは、かなり危機感を持って自社の囲い込んだＯＢ客に対して、建て替えもしくは大規模修繕を戦略的に提案しているようです。

⑤ 賃貸仲介業者の手配するリフォーム業者

すべてではないですが、複数店舗持っているフランチャイズ加盟店では、大規模なリニューアルを提案してきます。ただ彼らは、建築の中身は何もわかっていないので、下請け業者からの見積もりに歩掛をして、見積もりを出してきます。もしくは下請け業者にすべての見積もりをつくらせて、自分ところの名前で出しているというケースが大半です。

⑥ 管理会社

管理専門業者さんは、それぞれの下に専門業者をつけていますので、そこから上がってくる見積もりは比較的ハード面の見積もりが多いです。なので、交換とか修繕をするためにはどういったことが必要かということは正確に出てきますが、入居をつけるためのリニューアルの提案は、下手な傾向があります。

6 リフォームコストは「商品＋役務＋経費」からできている！

そして、リフォーム業者の「収益構造」と「リフォーム工事」のカラクリは、前述した6つの業者タイプによって考え方が異なります。

リフォーム工事は、「商品＋役務＋経費」で成り立っています。そのため、専門業者でない限りは、必ず経費分が増えていきます。

たとえば設備系の業者だと、設備商品の仕入れ価格は、一般の工務店（内装のリフォーム店）と比べて、掛け率が非常に安く済みます。つまり、そこでしっかり利益を取ることができるので、役務ではそこまで大きな金額は出してきません。

しかし、「工事の内容ごとに業者を変えればいいいか」というと、そういうわけではありません。物件をしっかり見てくれる業者が見つかれば、それぞれの特異性を活かしながら、コストを安くする部分はこちらから材料支給する、という方法も取れます。

たとえば、新築業者は建て売りをするとき、5軒以上の設備（ユニットバス、キッチン、トイレ、洗面）の発注を一括で行うことで、コストを大幅に下げています。

これを地方の2、3人規模の工務店だと、地元でナンバーワンをとれます。当然、内装系のリフォーム業者が1台ずつ発注するよりも掛け率が下げられるわけです。

したがって、いずれのタイプのリフォーム業者を使ったらいいのかはケースバイケースということになります。

しかし、この「経費」の部分を極力安くする方法がわかれば、どのタイプの業者であったとしても、リフォームコストは下げられるということになります。

次節では、その「経費」部分の削減方法について解説していきます。

7 リフォームコストを20%削減する3つのポイント

リフォームコストを削減するポイントとしては、以下の3つになります。

①まとめ買いを活用する
②優秀な多能工を使う
③多能工に年間で工事を発注する

ポイント①：リフォームコストを安くしたければ、「まとめ買い」しなさい！

■キッチンやユニットバスを安く手に入れる方法

キッチンやユニットバスには、メーカーの組み立てがセットで付いているケースがほとんどです。なので、商品＋組み立て費までをパッケージで買うことができます。

ファミリータイプの物件の場合、平均滞在年数である5～6年に1回のリフォームをすることになります。設備商品については、給湯器は例外ですが、25～30年で入れ替えます。リニューアルする時期を考慮して、年間の発注台数をあらかじめ問屋さんと共有したうえで仕入れるという方法もあります。

■繁忙期にエアコンを安く手に入れる方法

繁忙期にエアコンを最安値で入手するには、問屋さんに頼んで型落ち版を狙うのがおすすめです。また、家電量販店は型落ち品を倉庫で数多く持っているので、まとめ買いするのも一手です。標準的な工事は付いている場合がほとんどなので、取付け費も負担せずにすみます。

■水回りはクリーニングまたは全体交換で

入居者が物件を選ぶときは、内装がきれいということだけでなく、設備がしっかり掃除されているかも重要なポイントになります。

もし古い設備をそのまま使う場合は、生活臭が出ないレベルまで清潔にしましょう。たとえば、サッシや網戸、トイレは当たり前で、カランの根本や裏側の汚れを取るようクリーニング業者に徹底して洗ってもらいます。

ほかにも、流し台は替えなくても、混合水洗がツーハンドル（水とお湯が別々の丸いハンドルになっている）の場合は、片手でお湯の調整ができるシングルレバーに交換しましょう。

その際、キッチンに付属している器具がマイナーブランドの場合は、メジャーブランドを選ぶことも大切です。メジャーブランドといっても、値段がそこまで変わりませんし、部品の欠品、製造中止が少ないです。

また、洗面台の陶器ボールがひび割れたとき、「ボールだけ替えられますよ」と言う業者がいるのですが、ボールだけ替えても他が古いと全体としてはマイナスイメージなので、交換のときは全体を付け替えたほうがいいです。3万円前後でも売っています。

業者が高い額の請求を出してくるようでしたら、ファミリータイプの物件を多く持っているオーナーだったら、75センチの洗面化粧台を3台ほどまとめて買えば10万円までになります。そして2台は在庫として倉庫に入れておき。1台は今回使うというイメージです。

普通に1つ1つ購入していると高くついてしまうので、まとめて購入し、こちらの支給品で施工してもらうこともコストを下げる方法です。

網戸はふすまと合わせて替える

網戸は10年ぐらい使っていると劣化したり、網目が不均等になったりするので。2、3回入れ替わったら、破れていなくても新調しましょう。

途中で破れると入居者さんの責任とは言いつつも、入居者が管理会社に「大家さんに直してほしいとお願いしてください」と言われることも往々にしてあります。

なお、交換はふすま屋さんがまとめて行ってくれます。網戸と合わせてトラック1台に積めるので、お願いしやすいと思います。

網戸はふすまとセットでしたら、安いもので1800円くらいのものあります。

余談ですが、折り畳みの網戸（ブリーツ）はおすすめできません。最初は格好いいと思うのですが、破れやすく自分で張り替えられないのがデメリットです。

クロスなど原状回復に必要な材料をまとめ買いしておく

クッションフロアは、サイズに合わせて寸法を切るので保管には向きませんが、クロスとソフト巾木（はばき）はまとめて買うことが可能です。それに汎用品の白っぽいクロスはメーカーで廃番まで3年保証してくれるロットがあります。それが50mで1本単位になっています。50m分を特売のときに20本セットで買っておけば、1000mのクロスが張ることができます。

一般的にファミリータイプでは天壁のクロスで300mくらい使います。

そのうちのアクセントクロス部分は別として、一般的な天井や壁についてはまとめ買いしておけば良いでしょう。

たとえば、mあたり120円で売られているものが80円で買えることになります。

内装職人を雇っている小規模な会社では、これらを通常まとめ買いしています。そうすることによってオーナーに納める材料代を節約しているのです。

そのため、彼らから「品番はこちらで任せていただけますか？」と打診された場合は、まとめ買い商品であることがわかります。

オーナー自らが材料を確保しておく、在庫を管理することなど容易ではありません。

専業大家さんで現場に指示を出せるレベルの方であれば別ですが、工事業者に発注されている一般的なオーナーについては、「年間でこれくらいの戸数を御社に任せるから、クロスの材料分を保管しておいてください」と伝えれば良いでしょう。

資金繰りが厳しい業者さんに対しては、ある程度の本数をこちらで買って保管しておいてもらうやり方も可能だと思います。

大家さん同士でまとめ買いをする場合は、保管する場所が必要なので、その際は近隣の物件を持っているオーナーが何人かでまとめて空き部室に保管することも可能ですが、保管料がかかるので、できるだけ業者さんに持たせるのが良いでしょう。

普通の大家さんは自分の物件だけを管理会社系のリフォーム会社に依頼するため、どうしても1部屋ずつの発注となります。これは業者にすれば旨味がありません。

これを大家さんがまとめて発注すれば、業者にとってメリットがあります。実際にそのような発注をしている大家さんが存在します。

同じエリアで物件を所有している大家さんが、同じ管理会社や業者を使っているケースです。

ポイント②：リフォームコストを安くしたければ、「多能工」と使いなさい！

内装系の業者は、多能工化していますので、ほぼ1社で内装工事ができます。「多能工」とは、読んで字のごとく1種類の仕事だけでなく、複数の仕事ができる職人のことを意味します。

たとえばクロス職人さんがクロスをまくってパテを塗ってクロスを張るだけでなく、関連した床のクッションフロア、もしくはソフト巾木という部分もめくり処分をして張りなおします。これで内装の表面的な作業は1社でできるわけで、こうしたケースは非常に多いです。

ただし、床専門業者もいます。床でもクッションフロアは簡単ですが、長尺の塩ビシート（重歩行用で硬い）といった事務所の床やマンションの共用廊下に張るのは床専門業者です。

とはいえマンションなどの住宅系では、長尺の塩ビシートを床に使うことがほとんどなく、その多くはクッションフロアを使用します。これなら慣れたクロス職人はしっかりと施工できます。

こういった業者を育成するためには、発注者側から定期的に仕事を発注していくことが大切です。業者からしても同じ現場で1種類の仕事だけをするのではなく、関連した仕事も取りたいものなのです。

それは1日半で終わるクロスと、1日半で終わるクッションフロアであれば、3日でクロスとクッションフロアの仕事を取れるのか？　それとも1・5日でクロスの仕事だけ取るのかで異なるからです。

さらにいうとクロスを張るときは、スイッチやコンセントプレートなども一度外す必要があります。そして張り終えると元に戻すわけです。それは電気業者ではなく、通常はクロス屋さんが行います。ここで古いコンセントプレートやスイッチを新しいのに付け替える作業となれば、クロス屋さんが嫌がることもあります。

ただし、幹線の電源を移設したり新設するのではない、完全な交換作業は、電気工事技術者の資格を必要としないのでクロス屋さんでもできます。

ということは、そのときに新しいコンセントプレート、スイッチに替えてもらっておけば、その部分も材料代+交換の手間くらいで済むわけです。これが、電気工事業者を呼べば別に手間賃がかかります。手間賃とは1回、職人さんが行くと1人工かかるわけです。

つまり、仕事量の多い少ないは別にして、1人工の手間賃がかかってきます。それを安くクロス業者にさせる、多能工を使っていくことでトータルの単価が下がります。

さらにはクロス業者で「洗い」ができる業者もいます。専門の洗い工事でクリーニング業者ですが、これを入れずに同じところでやることも可能です。

また、木枠のペンキを塗ってあるところは、入居者の入れ替え時にそのままというわけにはいかず、塗装工事も必要になります。これに別の塗装職人を入れると、工期の問題等がありますので調整が非常に難しいのです。

それをすべてやってくれるのが工務店であり、管理業者ですが、それらへバラバラに頼むのではなく、まとめて発注する先があれば、結果的に大家さんへ請求する金額も下がります。そのような仕組みをつくれば、結果的にオーナーにとってはコスト削減につながるのです。

設備については、設備業者を入れてもいいし、内装系のリフォーム業者に設備商品を提供して進めるのもいいでしょう。

キッチン、風呂はメーカーの組み立て施工が付いているので、設備業者はつなぎ込みの分だけの必要がありますが、解体のときに1回、組み付けで1回の計2回来てもらえば済みます。

多能工がなぜいいのかといえば、業者側からすると、本来ならば内装工事が4、5日で済むところを、他の作業もすることで、その倍ぐらいの工期と収益機会を得られるからです。つまり、うまくコントロールすれば、5割増しの日数で、2倍の工事費を取ることができるということです。

そもそも賃貸リフォームでは多能工を養成しなければ、コストは下がりません。相見積で下げるのは、あまり効果がないと私は思っています。常に価格をたたき続けないと下がらないというのは、商取引としては異常だからです。

なので、信頼できる業者さんができれば、関係性をより深めて、たくさんの仕事を発注していくことで、すぐに動いてくれる、臨機応変に対応してくれる、休日でも走ってくれる、ということが実現できるようになります。信頼できる業者さんの年間の仕事量の中で、どれぐらいの比率を自分から発注するかを測るのも一手です。

たとえば、基本的にクロス職人と床職人は別なのですが、本業クロス屋さんが床もする、クッションフロアだとクロス職人が張る、ということが多能工ではあり得ます。場合によっては、塩ビタイルや長尺シートを張ることもできるわけです。長尺シートを張ることができるということは、マンションの共用部分の廊下のシート張りもできる可能性があるわけです。

またクロスを張るときには、最初にめくり作業があるのですが、そのときにコンセントプレート、スイッチ類はすべて外し、クロスを張ったあとそれを戻します。ただ、古いコンセントプレート、スイッチ等は、変色が甚だしいケースもあります。それを新しいプレートに変えるということも同じ職人がするわけです。

すると、新たな配線をするわけではないので、電気工事の免許は不要で、クロス職人が「洗い」をやっているケースも珍しくありません。私が知っている限りでも、洗い屋さんからクロスを覚えて内装業者になった人も数多くいます。

ポイント③：リフォームコストを安くしたければ、「多能工に発注の年間契約」をめざせ！

一般的な元請けから、クロスがいくらと管理会社からもらうのではなく、「自分のところでまとめて請け負います！」として、そのかわりオーナー目線で提案ができるような業者を選ぶ、もしくは育てることがコスト削減につながります。

「育てる」というのは、先述した多能工化をするようにオーナーが導いていくということです。特に小規模な原状回復につながるような賃貸物件の入れ替えとは、管理会社から発注されると、すでにコストが抑えられています。

それよりも直請けして工事範囲を広げてもらうほうが動きやすい感覚があるので、設備屋さんでも風呂の入れ替えをする際に、住宅の中の間取りを変えたり床を補強する必要があるため、大工さんを組下に入れます。

通常は大工さんの組下に設備屋さんはいるのですが、設備屋さんが元請けをとった場合は大工さんを呼んできて、組下に入れてあげることもやっています。

その組み合わせもいろいろとできます。当然ですが、職人さんは遊んでいると日当になりません。どんな形であっても自分が現場に出ていけば日当になるので、そうやって仕事のチャネルを増やしたいわけです。

たとえば大工さんで、クロスと設備の入れ替えを実用すると、自分の出番はほとんどないのですが、そこでサヤを抜けます。そういう部分で常に仕事を求めているので、元請けがとれるポジションにしてあげることができたら彼らは動きます。

このように、もともとは1つの業種の職人さんであったのが多能工化しているのです。それでは、この「多能工」に向いている職人さんかどうかを見極めるにはどうすればよいのでしょうか。

たとえば、「そういう設備系の職人さんならわかりやすいよとか、こういう技術がある人は多能工としてお願いしやすいよとか、そういうのはあるのでしょうか？」と思った方も多いでしょう。

基本的に職人さんは、普通の人より相当に器用です。一度もやったことがない作業でも、現場でほかの職人さんがやっているのを目にしていますから要領がわかるのです。

ですから、やろうと思えばできるのですが、ほかの専門職が来ているときに、自分の専門以外のことやっているところを見られたくない。「クロス屋なのに電気まで触っていた」

と言われるのが嫌なのです。それでも自分しか入っていない現場なら問題ありません。

つまり職人さんとの人間関係、相性が大事になってきます。もちろん仕事の腕、質がある程度は良くなければいけません。

クロス屋さんの仕事はハードで、1日当たり100mくらいは張らないといけないわけです。単価で300円やそこらでめくって、パテして、擦って張り替えるのを100mもやるのは大変です。これが素人ですと壁1面を張るだけで日が暮れます。

1回使ってみた職人さんで、器用そうで信頼できそうかということです。一番いいのは自分の物件を不動産業者が手配して、「いついつから工事やります」というタイミングで、ジュースなどを差し入れつつ現場を確認しに行けばいいでしょう。

「ちょっと横で見せてもらってもいいです?」と聞いて、「おお、いいよ」と快諾を得られたら、様子を何度か見に行く。そうすると、作業が上手な人と下手な人の差が出てきます。まるで動きが違うので素人が見てもわかります。

上手な人は無駄な動きが少ないものです。それに比べて下手な人は同じ場所を行ったり戻ったり道具を探し回って、動きが素早くありません。とてもスローモーに見え、道具や材料が必要なところに置いてありません。

クロスを壁に張るときは必ず脚立に昇りますが、上手な人は足場の段取りに無駄がないのです。上手な人は口数が少ないです。よく職人の親方が、ボソッと「喋っていないで手を動かせ」と言います。

そのようなことも確認できますから、たとえ管理会社経由でリフォームを頼んだとしても、大家さん自ら現場を見ることが大切なのです。

家主として現場に関心を持ち、差し入れでもしながら世間話をします。それを何度かくり返していくうちに、「仕事忙しいですか？」「進み具合はどんな感じですか？」「この物件やってもらうのは初めてですか？」など聞いていきます。「いや、前も○号室をやったことあるよ」「そうですか、ありがとうございます！」とお礼を伝えます。

このようなコミュニケーションも大事です。ですから、現場へ行って職人さんの仕事の段取りや、手際の良さを確認して、納得のいく仕事ぶりであれば話しかけに行けばいいのです。

基本的に職人さんは仕事をとりたいから「やります！」と受けてくれるものです。

原状回復プラスαくらいで、失敗をすることもほとんどないでしょう。試しに使ってみて「大失敗だった！」ということもまずありません。

ですから、まずは原状回復からやっていき、それで満足のいく仕事ぶりであれば連絡を取りましょう。

仕事への誠実さや支払いの形など、さまざまなことを加味して、「ああ、この人使えるな！」と判断できたら、継続してお願いすればいいでしょう。

そうして最終的には地域の大家グループで年間契約ができるのが理想です。まったく初めての業者であれば、まず入口はメールＤＭでもファックスＤＭでもいいのですが、「オーナーから年に何回もリピートのある仕事をとりませんか？」という入口でなら話を進めやすいでしょう。

不動産投資家育成協会では、東京・大阪・名古屋といった地域ごとに会員のグループをつくり、各グループごとにリフォームの年間発注を行った仕組みをとり入れています。

8 見積もり依頼時に押さえておきたい3つのポイント

① 業者の見つけ方

リフォーム業者の種類を前述しましたが、ここでは、どのように業者を探せばいいのかを解説します。

たとえばタウンページにある小さな枠で囲まれておらず、電話番号のみ書いてある業者さんは各分野の専門業者です。

水道工事業や電気工事業、内装工事業などで検索するとそれぞれの専門業者が出てきます。それと工務店や大工といった分類ですと、大工系の工務店です。ちょっと費用をかけているところは枠で囲んで出しており見分けやすいです。

なお、その会社にホームページがあれば、より仔細な内容がわかりますが、自社のホームページを持っているところは、基本的に職人を下に抱えてるケースが多く、料金が割高になりやすいです。そのためホームページを持たずに営業しているような業者がおすすめです。

調べる際には、できるだけ物件の近隣を探していきましょう。物件の近隣であれば業者も非常に通いやすいですし、土地勘があります。業者からしても、そこにワンルームが20戸あれば年間で5～6戸は入れ替えるわけですから非常にうれしい話です。

ですから自分の物件の近くで探すのが一番です。くわえて言えば緊急事態でも駆けつけてもらいやすいです。

ポイントとして、自分の物件の近くで営業しており、かつ電話帳に囲み枠で出しているところは大規模でやっている可能性が高いから、電話番号のみの業者をピックアップすることです。

個別に分離発注するのではなく、たとえば内装系のクロス屋さんであれば、どんな場合でもほとんどクロスはありますので頼めます。そして、台所の水栓の交換をやってもらえるかお願いすれば「あ、やりますよ！」と即答してくれる業者を使っていき、その仕事ぶりが誠実かどうかを見極めていくのも大事です。それには、とにかく仕事を発注しないと判断できません。

まず、仕事をやらせてみて、仕上げが丁寧なところであれば継続的に発注することにより、追々にこちらの融通を利かすようにしていきましょう。

② 見積書の見方

見積書の見方で覚えていただきたいのは、多くの場合、工事の順番に書いてあるということです。新築の場合でしたら基礎工事から始まり、最後の竣工、クリーニング、完成、工事、クリーニングといった感じで流れていきます。

リニューアル工事や原状回復工事では、工事の内訳は内装業者と設備業者に分かれます。そこにクリーニングが必ず入ってきます。

そもそもリフォーム業者は、工事内訳と同様に「内装系のリフォーム業者」「設備系のリフォーム業者」から成り立っています。そこを協力業者に加えると、コスト削減につながります。そのような協力業者を「組下」（組織の組の下という建築業界用語）業者といいます。

例をあげれば、設備業者の場合は自分で内装をしませんから、自分の組下にクロス業者を入れます。それが逆になってクロス業者が、設備屋を組下に入れることはありません。なぜなら建築の格付け構造からいうと、設備業者のほうがランクが上だからです。

そうなると、まずは設備業者を頭にして、内装業者を組下に入れるほうが職人さん同士のなかではスムーズです。

ここでいう「設備業者」とは、水回り系の設備です。基本的にリニューアルをする際によく出てくるのは、キッチンを新しいものに交換するときです。キッチンの解体撤去から新しい商品を入れて接続し直す、もしくは途中で配管の移動があるなどすべて設備業者です。解体撤去までやってくれます。これを内装系リフォーム業者に頼むと、ルートが違うためやりにくくなります。

③ 見積もりを取るときの頼み方

見積もりをとるときの頼み方ですが、最初は一緒に現場へ行って内容を説明します。そして「見積もりあげてほしいが、いつわかりますか？」「では明後日にでもファックス（メール）ください」という応対が、普通にできるような人であれば問題ないと思います。

図表4—1に標準的なリフォーム工事単価の一覧表をのせましたが、もちろん地域差はありますが、その地域でも標準値があります。

見積もりの仕方もさまざまです。工務店系ですと、クロスの張り替えは平米で出してきます。新築でも平米です。

しかし、内装系ではリフォームのクロス張り替えがm単位です。同じ部屋でも業者によってメーター数が違います。採寸して、どう流すのかによってもメーター数は変わってきますし、梁などあった場合には、その梁に沿って流します。

クロスの幅は90センチ幅なので、30センチの部分をとると60センチが残ります。すると50センチ幅のところは張れるわけです。落ちをどう見るかでも職人さんの技量がわかります。

より詳しくいうと、クロスでもアクセントクロスを使うのを、安いクロスを使うのか、1000番台を使うのかで単価が変わってきますから、「この面はアクセントクロスでお願いします！」としっかり伝えましょう。

そのように現地に足を運んで図面と見比べながら、「ここを直してください！」と具体的に指示を出さなければいけません。紙ベースだけでは理解し合えないものなのです。こうした具体的な指示出しが明確にできるかどうかが大事です。実地で指示の出し方は、一度でも体験すればすぐに覚えるものです。

「部屋を改装してください」と管理会社に伝えると、見積書が上がってくるのですが、そこから何か意見を言うと、追加工事になるので単価は上がっていきます。ですから最初に立ち合いをして、実際に現場を見ておくと、ある程度は絞った金額を出してくると思います。

見積もりを取るときに伝えるべきなのは、「どのレベルまでするか」ということです。
工事業者は「いいリフォームをすれば、それなりの費用がもらえる」と考えています。
ですので、スペックや仕様に関してはしっかり伝えておきましょう。

図表 4—1

工事項目	数量	施工会社単価	管理会社単価	施工会社仕入原価率
クロス張替え	1m²	900	1,200	70～75%
クッションフロア張替え	1m²	2,800	3,500	50～55%
カーペット張替え	1m²	3,500	4,300	55～60%
畳表替え	1枚	4,000	4,800	73～78%
襖張替え	1枚	2,700	3,500	64～68%
天袋張替え	1枚	2,100	2,700	70～75%
網戸張替え	1枚	3,000	3,500	58～63%
塗装	1m²	1,200	1,500	80～85%
フローリング張替え	1m²	8,500	11,000	55～60%

資料引用：全国賃貸住宅新聞社

第5章

入居者に長く住んでもらうための「建物メンテナンス」の極意

1 リフォームのプロだから語れる賃貸マンション経営の実態

これまではリフォームコストの削減方法についてみてきましたが、この章では「究極のリフォームコスト削減方法」について、公開したいと思います。

それは、「入居者に長く住んでもらうための建物メンテナンスの極意」です。

第4章で、平均居住年数に対して空室になった場合の支出の中身をお伝えしました。ここで、5年（60カ月）で9カ月の空室のリフォーム工事と仲介費用と工事中の空室募集期間とあるわけですが、もし、これが5年でなくて10年住んでいただけた場合、この9カ月分は丸ごと浮きます。

ですから、常に募集して入ってもらう、早く入ってもらうことも重要ですが、入居者さんに気持ちよく、長く住んでいただくことも同じくらい重要といえます。

そのためには、入居者さんの隠れた不満を引き出し、**図表5―1**のように新しい設備に変える必要があります。

たとえば、旧式のインターフォンがついている物件の場合、録画機能付きインターフォンに変えるだけでも効果的です。この交換はとても簡単で、配線がつながっているので、親機と子機を変えるだけです。複数の戸数を同時にするとコストが安く済みます。

交換の難易度が低いのは、ウォシュレット、TVインターフォン、エアコン、換気扇、風呂換気、トイレ換気、台所レンジフードです。こういった設備は必ず劣化していくので、1つでも不具合が出たら、該当の部屋以外も合わせて希望を聞いて修理・交換しましょう。

さて、こういった設備交換のほかに10年単位で建物を適切に管理修繕する必要があります。そのために必要な知識を次に列挙します。

図表 5—1

長期入居者への優遇サービス
EX. 長期入居特典（5 年、7 年、10 年超入居の方） ・住み心地が良くなるものに限定して実施してみる ・選ぶたのしみも考えてみる A IH クッキングヒーター、両面焼きガスコンロ交換設置 B LDK、トイレクロス張替え C TV インターホンに交換 D クリーニング（キッチン、バス、トイレ、窓ガラス、エアコン） E エアコン交換 F 追い焚き機能の設備 G キッチンクリーニング、換気扇清掃、年末プレゼント H 畳表替え

2 いかに長く住んでもらえるかを考える

満室経営をするためには、総力戦で戦っていく必要があります。

現状満室だったら、新しい共用部設備を導入しないオーナーさんが大半だと思います。しかし、空室のときに投資するのは苦痛が伴いますが、満室なら精神的ダメージが大きくないはずです。

たとえば、最近は宅配ボックスを置くことが主流になっていますが、もし置いてなかったら、既存の入居者さんにとっても利便性の向上につながるので、設置するのもいいでしょう。これによって、引っ越しするのを1シーズン延ばしてもらえたら、設備投資は成功といえます。

大なり小なり、人は慣れた環境を離れるのに苦痛を伴います。転勤や家族構成が変わった場合は仕方がないと考えますが、そうでなければできるだけ移動したくないと考えるものです。

けれども、近所の騒音がひどい、悪臭がするなどのストレスになる要因が出てくれれば、当然引っ越そうと思うものです。もっと些細なことなら、共用部分の照明が切れているなども要因の1つとなる可能性もあります。

ですから、利便性の向上を常に意識することが大切です。照明の話でいうなら、1つ切れたら他も切れる可能性があるわけですから、同じタイミングですべて替えるくらいの感覚を持つ必要があります。

また細かい話ですが、玄関、エントランス、廊下、階段などにクモの巣がはったりするのを避けるため、虫が寄ってこない波長の器具を使うという方法もあります。

共用部分は、長期間保つのでLEDにすることをおすすめします。

3 目で見てわかる劣化とは？

共用部分で気をつけるべきなのは、日常的に見てわかることの修繕です。

これは中古物件を購入検討する場合にもいえるのですが、屋上の状態がわからなくても、最上階の廊下の天井を見れば、劣化具合がわかります。特に、建物の四隅にあるドレンは汚水排水管がつながっているので、下から見上げれば必ずわかります。

その周りに塗装がはげたような状態であると、上に水が溜まっている、排水のドレンの防水が切れていることが予測されます。

また、外壁も特殊な場合を別にして垂直面なので、雨がかかっても上から下へ流れるのですが、ひび割れがあると中へ侵入してしまいます。ＲＣ（鉄筋コンクリート造）の建物の場合は、表面クラック（ヘアークラック）が少しであれば、下地まで割れている可能性が高いです。

鉄筋コンクリートは、文字どおり鉄筋とコンクリートで構成されています。コンクリートはアルカリ性なので錆びることはありません。しかし、ひび割れから雨水が侵入すると、鉄筋は錆びて膨張し、コンクリートを押し広げます。すると、**図5―1**のようにさらにひび割れが大きくなって雨漏りが内部の壁にまで出てきて、壁にカビが付着するようになります。

こうなると、外から見えた状態でほぼ特定できるようになるわけです。ですので、管理会社には、日常的に目視業務を義務づけておく必要があります。

ほかによくあるのは、ＲＣ造で周りにアスファルトでできた駐車場があると、アスファルトとコンクリートの基礎の間にすき間ができて草が生えます。

草の根は成長してどんどん先へ行くので、抜いても抜いても、コンクリートとの間を広げていくことになります。そうして大きなすき間ができると、そこは埋める必要が出てきます。

日常的に使う分には、液体の除草剤が一番いいでしょう。各シーズンで液体の除草剤を隙間にくまなく詰め込んでいくと、草が生えなくなります。

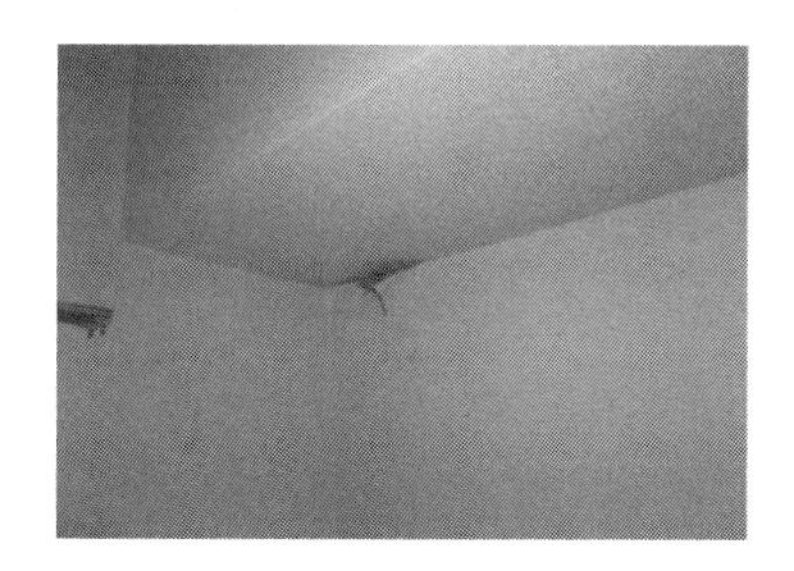

図5－1　漏水事例

4 あなたでも簡単に外壁の状態がわかるリフォームのプロが使う魔法のアイテム

タイルの浮きを点検する道具では、「打診棒」が役立ちます。打診棒を使ってエントランスのタイル部分で転がすと音でわかります。これは、どなたがやってもわかるので、ぜひ実践してみてください。

同じように、コンクリートの浮きもわかります。木造の建て物だと、モルタルの浮きもわかります。しっかり接着している場所は、浮きがある場所と比べて軽い音になるのでわかるはずです。

なお、この棒はアマゾンでも購入可能です。本来はメッキ色なのですが、使っているうちに色が変わります。1本2000円前後で購入できるので、鞄に入れて物件の巡回用の道具にするのをおすすめします。

購入検討物件の現地調査用に使用すると、不動産業者へのけん制にもなります。

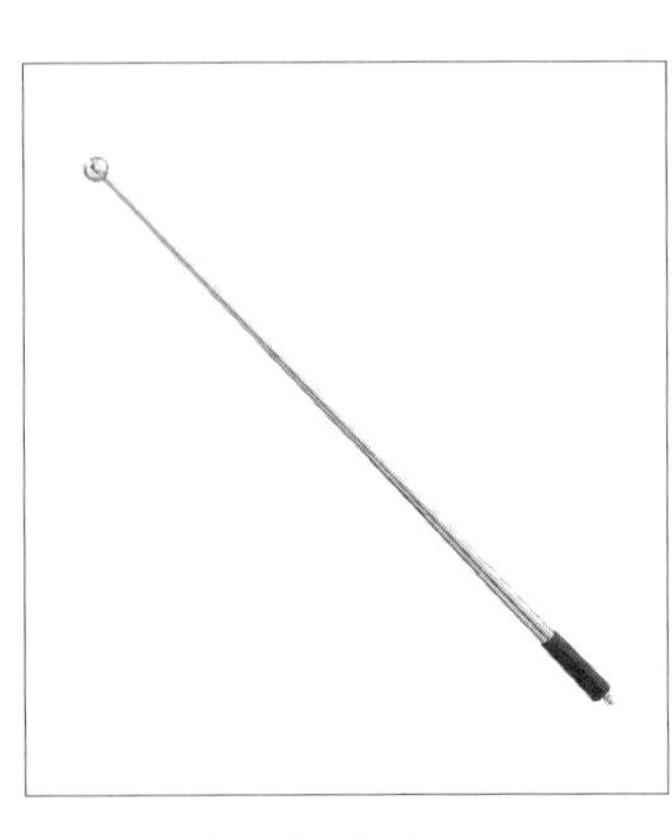

図5－2　打診棒

受水槽

マンションには、受水槽が設置されていることが大半です。受水槽はたいていの場合、建物の裏手1階にタンクが設置されています。

最近は減りましたが、高架水槽というケースもあります。下の受水槽で貯めた水にポンプで圧力を掛けて高架水槽に上げるというものですが、こういったタンクはＦＲＰ樹脂（モーターボートの底などにも使われている非常に耐久性のあるもの）を使ったパネルを接合してつくりあげられています。接合部に鋼製フレームとボルトナットで止めつけてあることが大半ですが、必ずしもステンレスのボルトナットが使われているわけではなく、鉄製のボルトナットが使われているものも多く見られます。

止めつけのフレームは亜鉛メッキを施されているので劣化は少ないですが、ボルトナットは注意が必要です。パネルにはＦＲＰ樹脂が付いていますが、水圧がかかる部分はボルトの腐食等でパンクする可能性があります。

そうならないためには、受水槽の止めつけ部分（ボルトナットから下の架台）の塗装をしっかりする必要があります。

受水槽は中に水を貯めるので、高架水槽も同様ですが、まれにタンクの中に藻が発生するケースがあります。これを防ぐためには、パネル部分に太陽の光線を防ぐ塗料（神東塗装製のサンカット）を塗ると効果が上がります。

とくに高架水槽は普段見ることがないので、稀にタンクの蓋が開いていて中に鳥の死骸があるというケースも私は経験したことがあります。

ですので、見えない部分についての定期点検を長期修繕計画に入れておくと、不測の事態の予防にもつながります。途中で小修繕を繰り返すことで、大規模修繕のサイクルを伸ばし、建物の耐久性のアップが実現できるのです。

■屋上

屋上の防水でウレタン塗布防水をしたケースだと、表面にトップコートという保護材を塗布するわけですが、これは5～10年に1回塗り替える必要があります。

ただ、定期的に防水の状態を確認し、トップコートを塗布することで、下のウレタン防水部分を再施工することなく20年、30年もたせることも可能です。

■外壁塗装

外壁塗装をする場合、3階以上の物件には足場を組む必要がありますが、最近では施工性のため2階建てでも当然のように足場を組みます。

なお、塗装工事は、耐用年数のサイクルが違うことがあります。たとえば、外壁塗装の部分だと10~14、5年の間に1回ということが多く、同時に鉄部の塗装も行うのですが、鉄部は5、6年に1回やる必要があるので、サイクルが違うわけです。

鉄部塗装

サイクルが違うことに気づかないと、鉄部は塗料という保護被膜があってサビが発生しない限り非常に強いのですが、塗料の粘りがなくなると、軽いピンのような穴があってもサビが出てきます。サビが出ると鉄は弱いので、外壁と同様の周期で鉄部を塗っていくと、鉄はだんだん劣化した状態になります。

また、雨がかりのある場所に鉄を使うのは注意が必要です。

たとえば、非常階段が2方向避難で片方はスチール階段を使っているケースです。この場合、雨がかり部分が多いので劣化しやすいといえます。

そのため、屋根をかける、側面のカバーを取り付けるなど、雨がかからないよう追加での施工方法も工夫しましょう。新築を考えている方は、鉄部を極力雨がかりにならない場所に使うことも大切です。

鉄部の劣化は、触っているとペンキがついたり、外壁だと白っぽく手についたりすることがあるので、中古物件を調査するときは軍手やウェットティッシュを持っていったりする対策が必要です。

宅配ボックス

入居者満足度を高める「宅配ボックス」は、買うよりもレンタルをおすすめします。レンタルのほうがメンテナンスをしてもらえますし、不具合が発生したときも対処してもらえるからです。入居者のなかには不在票を見ずに放置しておく人もいます。

レンタルの宅配ボックスは、サイズの組み合わせをいくつかのパターンから選びます。簡単に設置でき、それだけで満足度を大きく向上させられるので、ぜひおすすめします。

植栽

植物は必ず伸びてきますので、撤去してモニュメントや照明などを代用するのも一手です。このあたりは費用対効果の話なので、植栽がいい場合もあるのですが、検討材料として考えておくのもいいでしょう。

掲示板

玄関ホールにある掲示板は、町会や隣保長さん、管理会社が貼ったりしますが、普通は紙の場合がほとんどです。

しかし、紙だと湿気を含んだり風になびいて劣化したりして、見た目が悪くなってしまいます。それが共用部の目立つ箇所にあると、良い印象を与えられません。

ですから、長期間掲示するものに関しては、必ずラミネートにしてもらう必要があります。また、押しピンは頭部分が錆びるので、カラーピンを使いましょう。

ゴミ箱

共用部にゴミ箱を設置するのはいいですが、小さいものだとすぐにあふれてしまうので、戸数に応じてゴミ箱と袋のサイズを決める必要があります。

消火器

消火器は定期的に薬剤の交換をする必要があります。交換すると、いつ交換したかというシールを貼ってもらえるので、入居者の安心・安全につながります。

なお、最近は少ないですが、消火器を盗んで転売している業者もいるので注意してください。そういったリスクを避けるためにも、共用部に防犯カメラを設置するのをおすすめします。

外壁塗装をしたときに、消火器の表示のプラスチックのプレートを日に当たるところに置いておくと、陽当たりのため波うつようになってくるので、新しいものに交換しましょう。

誘導灯

避難方向の誘導灯がある場合も、ライトが切れていたら消防点検のときにLEDに交換してもらってください。同時に交換すると安く済みます。

ゴミ集積所

共同のゴミ集積所は、業者の集配するスタイルと自治体の回収日に合わせて出してもらうスタイルがあるのですが、後者の場合は当日ゴミを出す約束になっているので、収集されたあとは時間を決めておいて、管理会社に清掃と水洗いをしてもらうことを徹底しましょう。季節によりますが、異臭を放つ原因にもなりますので、これは管理会社にしっかりと伝えてください。

光回線

最近は、ファミリーでも固定電話を持たずに携帯とインターネット回線を使われる方が多いので、新築だとWi-Fi必須で設備を用意する必要があります。古い物件でも光回線の導入は簡単にできますので、NTTやWi-Fi業者に相談して必ず導入してください。

駐輪場

意外と見逃されがちなのが、駐輪場にずっと置いてある自転車です。前の入居者が置いていった自転車、放置自転車、盗難自転車などがあるケースがあるので、年に1回は管理会社に依頼して自転車の所有と停める場所の特定を必ず行い、必要なら処分をしましょう。

駐車場の場所を間違える人は、新規入居者が大量に入ったときにはよくいます。ただ放置したままだと、ほこりをかぶって見た目にもよくありません。

最近だと、自転車を所有するファミリーは増えていますし、高級自転車を持つ方はよく玄関まで持って来て、窓の柵にワイヤーをつないでいる方もいます。

なので、防犯カメラを設置して、あまり廊下に自転車を持って行かないようにしたらいいと思います。なかには部屋のなかに入れて大事にされている方もいますが、共用部にあると通行の邪魔になるので、駐輪場に置いてもらうようにしましょう。

5 長期修繕計画を立てる

建物は、年数とともに劣化しますので、定期的な日常のメンテナンスもさることながら、長期修繕計画を立てる必要があります。

長期修繕計画は、屋根・壁の防水、塗装、鉄部の塗装、受水槽・高架水槽の架台、受水槽・高架水槽のタンクのパネルなどのメンテナンス計画を立てることです。部位別に耐用年数、メンテナンスの年数が異なるので、常に費用を見込んでおきましょう（**図表5―2**参照）。

いつ・どこで・どういう工事が必要かを長期修繕計画のなかで入れこみ、各年度における修繕計画を立てます。細かな数字までは難しいかもしれませんが、管理会社経由でもいいので依頼しましょう。

早めにやれば大事に至らず済むケースが多いですが、ギリギリになってしまうと緊急対応費用がかかります。健康診断と同様、結果を放置しないことが大切です。

長期修繕計画

「長期修繕計画」という言葉を聞いたことがあると思います。分譲マンションには管理会社が入っていて、管理組合に対して長期修繕計画を提出します。それには将来にわたって何年度にどういう調査・工事が必要になるかがまとめられています。

賃貸住宅の場合、ある日突然雨漏りが発生した、外壁にひび割れがいって室内に水が漏れたなどのとき、予想外の出費に驚くケースが大半ですが、長期修繕計画を立てていれば、あらかじめ点検をして小修繕をすることで耐用年数そのものを伸ばすということもできます。

設備の耐用年数／修繕周期

小規模な木造アパートであれば、ほとんど設備がついていないこともあり、その場合は、修繕費の出費も少なくてすみます。

しかし、防火地域である街中で、高層のＲＣなどの場合は、多くの設備がついています。エレベーター、火災報知器、給水ポンプなどです。これらが壊れた場合にはどのように対応して、費用をどうするのか、あらかじめ検討しておきましょう。

図表 5—2　主な修繕周期の例

修繕箇所	工事内容	周期
屋根	補修	12 年
	露出屋根上防水の撤去・新設	24 年
	傾斜屋根撤去・葺替	24 年
外壁	コンクリート補修	12 年
	塗装の塗替	12 年
	塗装の除去・再塗装	36 年
	タイルの補修	12 年
バルコニー	鉄部の塗替	4 年
	床防水の修繕	12 年
開放廊下 階段等	床防水の修繕	12 年
給水管 排水管	更正	15 年
	取替	30 年
給水ポンプ 排水ポンプ	補修	8 年
	取替	16 年
貯水槽	取替	25 年
ガス管	取替	30 年
自家発電設備	取替	30 年
エレベーター	補修	15 年
	取替	30 年
機械式駐車場	補修	5 年
	取替	20 年

国土交通省「長期修繕計画作成ガイドライン」より抜粋

第6章

リフォーム大革命に成功した新世代大家の事例に学ぶ！

【事例①】将来的なビジョンに欠けていたサラリーマンの地主大家さん

物件概要
奈良県／ＲＣ造／３ＤＫ×30世帯／築33年
これまでの修繕履歴　大規模修繕が４回、間取り変更伴う内装リフォーム６件、間取り変更伴わないリフォームは随時

Ｅさんは地主の父親から広大な土地を相続しています。これらは戦前から所有していた耕作地、つまり田畑が農地改革で国に没収されたのですが、山林はすべて残ったのです。それを１９７２年、田中角栄元総理大臣の『日本列島改造論』において、デベロッパーが造成を要請してきたため土地を売却したのです。

その間に完成宅地として方々で土地を取得したり、代替えで土地をもらったりしたため、点在した土地を持つに至るわけです。そのうち数カ所を売却し、マンションが建設可能な土地を取得しました。

現在、Eさんは奈良県にお住まいですが、自宅から2つ隣駅で取得しました。そこは農地だったのですが、農地転用をかけてマンション建設をスタートし、1984年に新築マンションが建ちました。

最初の賃貸募集は、ハウスメーカーの責任において入居保証が付いていましたから、一切何も考えずに経営をスタートしました。それ以降の入れ替えは、地元の賃貸仲介業者で行っています。管理は自主管理ですが、途中から仲介業者に委託料を払って、集金業務と清掃管理を任せています。

これまでなら徐々に改装すればお客さんが付いてくれたのですが、仲介業者が提案する原状回復という形のリニューアルでは時代とそぐわなくなってきました。そのうち、「あまり決まらないのなら先に改装してもしょうがないな」となり、今では何もせず放置しています。

Eさんのやり方は「お部屋が決まったら改装します」と告知して仲介業者に部屋を決めてもらっています。

それでも当初の10年くらいは客付けすることができましたが、最近では未改装の部屋を内覧に来た入居希望者が、改装後に良いイメージをできる人が少なくなってきました。

その理由として、周辺物件もリニューアル、原状回復してキレイな状態で内覧できる物件が増えてきたからです。
そのため、徐々に空室の期間が長くなってきたので、「何かいい方法はないだろうか？」というご相談を受けました。

最大の問題は「家主業は賃貸経営業」という知識に欠けるということでした。オーナー様は会計事務所に勤務していたので収支面、また税務申告面については非常に理解があり、ご自分ですべての収支を確認して毎月のように決算していました。
しかし、将来に向けて周辺のマーケットがどうなっているのかを見て投資することができなかったのです。どちらかといえば職業病的に、節税一本槍で考えていた面がありました。賃貸経営業である長期スパンの考え方、「事業」という考え方が欠けていたということです。

そこで提案したのは、現状のまま掃除だけやっていたのを、今後はしっかりと時代に合わせて、マンションの共用部分、すなわちエントランス周辺や共用廊下の床をシート貼りにするなど、それほど費用のかからないリフォームを提案し、エントランス部分を少しグレードアップしました。

お部屋の改装については間取りが3DKでしたが、和室2部屋+洋室部屋+DKのところを、押入れのある和室1部屋だけそのまま残し、もう1部屋の和室を洋間に変更、もしくはLDKを広くする改装しました。

この時点で全30室のうち5室の空室があったので、そのようなご提案したのですが、すべて工事の途中で決まりました。オーナー様は「部屋を改装すれば早く決まるんだな！」ということをご理解されたようです。

【事例②】勉強熱心だが自分で何でも決めてしまう高齢のオーナーさん

物件概要
兵庫県／２Ｓ造／２ＤＫ×12世帯／築15年
これまでの修繕履歴　内装リフォーム、外壁塗装

依頼者の父親は戦前から事業をなさっていました。貸地や借家を引き継いだのですが、その依頼者も今は80歳を超えています。かなり以前からの事業地主です。

兵庫県の芦屋市に広大なお屋敷を持っていて、当初は父親の事業を手伝っていたのですが、そのうち廃業したのでお勤めに出ました。仕事は経理畑です。

敷地内は、阪神淡路大震災で倒壊した建物を整理して駐車場にしていたのですが、駐車場のままでは固定資産税が高いので、ハウスメーカーで2物件を建設されました。

非常に勉強熱心で、かつ時代の求めるニーズもすべて理解したうえでいつもお話しされているのですが、年齢的なこともあり、これからの大局観という面での決断が少し遅れる

ことが増えてきました。

この方とは30数年来のお付き合いになりますが、やはり昔と比べると判断が長引くことが増えてきたのです。

ファミリービジネスということを自覚されてはいますが、ご家族、とりわけ子どもさんたちへは現状報告が疎かになりがちで、いざ事を進める段階で説明に入ったとき、いろんな面でストップがかかり、計画が頓挫することも近年は増えています。

自分ですべてを判断するのは良くないので、この4～5年は奥様も同席をしたうえでご相談をされているのですが、相変わらず子どもさんを抜きに計画を進めています。

これまでは部屋をリニューアルしても、管理会社にまかせっぱなしにしているような従来型の大家さんだったのですが、「これではいけない！」ということで、私のセミナーへも熱心に参加し、セミナーで話した内容は、すぐに取り入れてくれるようになりました。

部屋を見たところ、きれいにリフォームをしているのですが、印象がよくありません。それは土間が汚れているのです（クリーニング済みであれば玄関土間にシートを引くことで汚れを防ぐことができます）。ご案内する不動産業者に照明器具のスイッチを切らずにブレーカーの上げ下げだけをお願いします。そうすることで、部屋に入ってブレーカーを上げれば、部屋が明るく見えます。

くわえて、部屋に入ったら時に下水の匂いがするので、いつ洗浄されたら聞いたところ、していないということでした。

また、このオーナーはこれまでの契約条件を変えることなく経営していました。

建物の洗管も行いました。

保証金をしっかりとっているので、保証会社への加入、礼金をとることで、保証金を下げることにしました。こうした複合的に実践した結果、空室が埋まりました。

【事例③】客付けができたらリフォームすると考えていた相続人のNさん

物件概要
大阪府／5S造／1K×30世帯／築25年
これまでの修繕の有無など　外壁改修が1回

Nさんは、会社経営をされていた父親がお亡くなりになり、ご自身は別の仕事をしておられましたが、やむなく経営を継がなければいけない状態になりました。

しかし、いざ業務内容を目にすると、会社以外に不動産、賃貸収益物件を、銀行から言われるがまま、あちらこちらに買っていたのです。

今回は大阪市内に物件に調査依頼がありました。この物件もまた銀行にすすめられるまま、購入した物件で、空室率が高くあまりにも管理がずさんな状況でした。

この依頼者はまだ若く、相続によって取得したということで不動産投資への知識はありません。「物件の組み替えをやりたい」という相談があり、組み換えをするにあたって、収益最大化まで持って行き、売却しにくい物件を処分することを見据えての調査依頼でした。

　それを埋めるべく予算を抑えながらエントランス周りを整理して、投資家さんに売りやすい形にしようとリニューアルしました。今のところ若干の空室があるので、このまま売却するかどうかを相談中の案件です。あちこちに点在する遠隔物件を売却して、直接見れる範囲で集約していきたいという希望をお持ちでした。


　両親から相続したアパートは単身者向けの1Kということで、入れ替わりが激しい状況でした。調査依頼が来たときは空室率が35％ほどでした。

　問題点は客付けをする前にリフォームをするのではなく、客付けができたらリフォームするというやり方でした。

　また、管理業者が誠実ではなく、送られてくる報告書と実体が合ってないなかったのです。なんと実際にやってもいない工事代金を請求されていたこともあります。内装工事、原状回復工事をやりもせずに入居者を付けていたのです。それなのに原状回復工事の請求書が送られてくるという状況でした。

　元のオーナーが亡くなって、アパートをNさんが継いだのですが、不自然なことに気づき、相談にいらしたという経緯があります。

これまで、ずっと空室率が高かったということで管理会社を変更しました。近隣の客付け業者に管理委託をし直しました。

ヒアリングした結果、外壁塗装、屋上防水が必要な状況で、水漏れもしていました。また、外観はレンガタイル状の建物で、内部もレンガタイルの黒っぽい感じです。そこで、塩ビの白っぽい砂岩調の塩ビタイルをつかってエントランスの印象を明るく見せるようにしました。

玄関部分にはもともと植栽がありました。これを整地して観葉植物と置き換えています。軽い玉石も敷くことによりアプローチのイメージを大きく変えました。

なぜ、エントランスにコストをかけたかといえば、１Ｋは部屋が狭いので、どうしても外に出てきます。そこで住人同士がお喋りをしたり交流しています。高齢者や生活保護者が多いということで、入居者同士が気持ちよくコミュニケーションがとれるようその分をきれいに整えて差別化しました。

労働者が多く、高齢者の多いエリアで、アパートも生活保護者の入居が多いです。こうしたターゲットであれば、部屋の中は最低限のリフォームで十分です。

ここではキッチンをガスからＩＨに交換しました。新しく代えた管理会社は生活保護にパイプがありました。同業者からも生活保護者をまわしているようです。

部屋のキッチンはガスコンロと電気コンロが半々でしたが、リニューアルが必要なところについてはＩＨガスコンロに換えました。ただし、コストをかけても家賃が上がりませんから、高齢者が多いための配慮という観点が強いです。

図６－１　玄関 befor

図６－２　玄関 after

図6－4　アプローチ after

図6－3　アプローチ befor

【事例④】部屋の内見をしなくても決まる物件

物件概要
愛媛県／ＲＣ造／１ＤＫ×11世帯／築28年
これまでの修繕履歴　なし

会社員のＡさんは（学生向けの単身物件）を購入し、副業で賃貸経営を行おうと考えました。物件を購入した当初は、学生向け物件特有ともいえる、受験～入学前シーズン以外の時期（3月下旬～12月）で客付けに大変苦労を強いられていました。

学生たちが退去したら、その後にリフォームをして、内見ができるようになるまで最低でも1～2週間は必要になります。とりわけ3月中に退去されてしまうと、翌年の受験シーズンまで空室が続く可能性が高くなってしまう悩みがありました。

Ａさんは、それを何とか改善して「満室経営ができる物件にしなければ！」と、経営理念を試行錯誤したのです。

それが、「部屋の内見をしなくても決まる物件」でした。

入居者が退去する際の退去予告は（1カ月前告知）のルールがあるため、たとえ3月に退去予定でも2月末には退去することがわかります。その際に、内見をしなくてもお客さんから選ばれる物件にしておけば、客付の可能性がぐっと高まります。

それには、物件の外観を特徴的で目立つものに変える必要があります。Aさんは夜でも入居者に安心感を与えられるよう、物件の周りが明るく照らすスポットライトを設置したのです。

さらには、内見せずとも物件のイメージが分かるようにと、部屋に家具やオシャレな小物を置き、数多くの写真を撮影して掲載しました。掲載する写真もできるだけ見栄えが良くなるようにとプロカメラマンに依頼するなど、独自のコンセプトを作り上げたのです。

図6－5　スポットライト

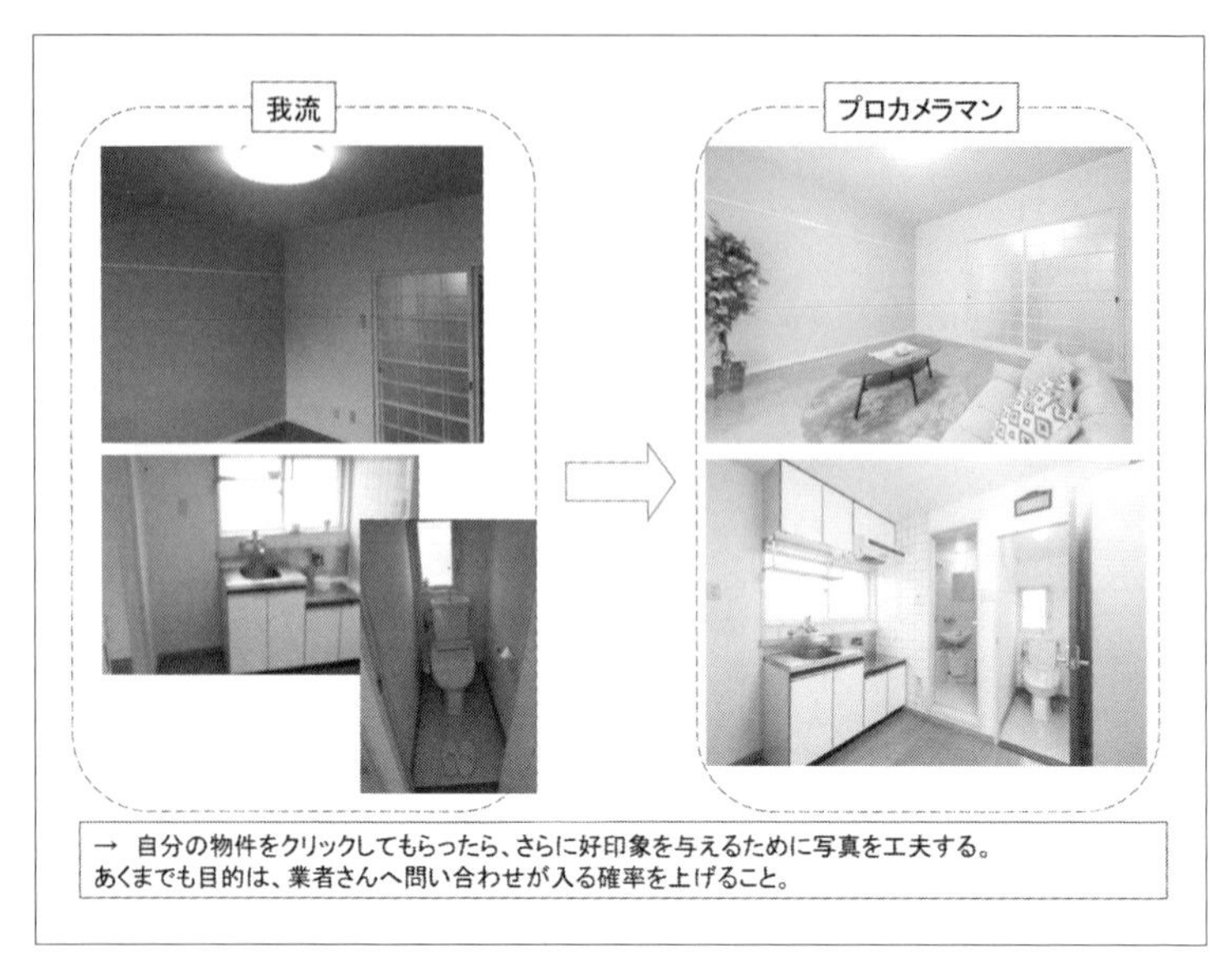

図6－6　プロカメラマン

こうして今では物件周辺の不動産業者にも広く認知され、たとえ受験・入学前シーズンに退去が出たとしても、すぐに決まる人気物件へと生まれ変わったのです。

【実例⑤】入居者Ｖ視点で考える「地域No.1の人気物件」

物件概要

愛知県／Ｓ造／３ＤＫ×５世帯、１ＬＤＫ×２世帯、２ＬＤＫ×５世帯／築27年

これまでの修繕履歴　２回外壁塗装、エントランスリニューアル、共用通路の長尺シート張り

Ｂさんは親から相続でファミリー向け物件を引き継ぎ、専業大家として賃貸経営を始めています。しかし、物件は築25年以上も経過しており、際立った強みもありません。さらには駅に近い競合物件も多く、苦戦を強いられるのは必至です。

そこでＢさんは、立地や築年数という変えられない条件で勝負することを断念します。それ以外の部分で、とことん入居者の気持ちになって満足してもらい、「地域No.1の物件になる！」という経営理念を抱いて物件づくりを行っていきました。

物件の顔であるエントランスにおいては、植栽や小物で装飾して美観に気を遣い、入居者の悩みを聞く「ご意見箱」も設けました。

室内にいたっては、他の物件と差別化されたオシャレな内装に仕上げ、とことん入居者の利便性を追求しています。たとえば便利な物入れを作ったり、入居者の要望に応えて「宅配ボックス」を設置して彼らの満足度を高めました。

そうすると、Bさんの物件が周辺の不動産業者にも認知され、今では退去が出てもすぐに埋まる「地域No.1の人気物件」となったのです。

特筆すべきは築25年を超えた現在でも、新築当初とほぼ同価格の家賃でお客さんに住んでいただいている事実です。一般的に、築年数が1年経過するごとに1％の家賃下落といわれる市場においてこれは奇跡といえるでしょう。

図6－7　便利な洗面所収納

図6－8　おしゃれな内装

図6－9　デッドスペースを活用した収納

おわりに

最後までお読みいただき誠にありがとうございます。

本書は、一般社団法人不動産投資家育成協会としては、5冊目となる書籍です。本書は、不動産投資家育成協会の英知を結集した内容であり、私一個人の経験や知識では到底到達できないほど、満室経営には欠かせない「リフォームコスト削減」というこれまでにない分野を真剣に学びたい人にとって、実証的でわかりやすく、しかも奥の深い内容になっていると自負しております。

本書の執筆にあたっては、執筆に快く協力してくれた不動産投資家育成協会の認定講師および会員のみなさま、そのほかにも版元であるプラチナ出版の今井さま、出版社とのご縁をいただいたインプルーブの小山さまなど、さまざまな方のご協力をいただきました。この場を借りてお礼申し上げます。

本書を出版するに至った経緯は、これまでの一部の成功者の個人的成功体験が、あたかも再現可能なノウハウかのように伝える不動産投資業界のなかで、「不動産投資の新しいスタンダードを作りたい」という気持ちでした。昨今の不動産投資に関する書籍は、書店の本棚を埋めつくほど、あらゆる種類の本が並び、毎月何冊も新刊が出版されている状況です。

しかし、そもそもリフォームコストは、ほとんどの大家さんは不動産の実務について熟知していないため、業者から言われるがままお金を支払っています。大家と業者の利益相反の状況が続く限り、この業界は良くならないというふうに私は考えています。

そのため、リフォームコストがなぜ安くならないかという収益構造を明らかにするのはもちろんのこと、経営者としての理念を持つことや、リフォームのマーケティング重要性についても解説しました。しかし、残したテーマに関してはできるだけ平易にわかりやすさを重視して丁寧に解説しました。

また、本書を書籍化するにあたって、泣く泣く、削除した内容については、読者限定特典として、さらに学習を深める補助教材を用意しておりますので、詳しくは巻末の「読者限定特典」ページをご覧ください。

２０１８年10月吉日

一般社団法人　不動産投資家育成協会
代表理事　長岐　隆弘

一般社団法人不動産投資家育成協会の理念と取り組み

一般社団法人不動産投資家育成協会は、「不動産投資で安定した暮らしを実現し、未来の人生を創る」を理念に掲げ、年齢、性別、職業、年収、資産状況のいかんにかかわらず、より多くの方々が不動産投資を学び、共通の価値観を持つ仲間たちと共有する場の機会を提供する不動産投資家の団体です。当協会は、不動産を所有しているかどうかは関係なく、どんな方であっても不動産投資によって資産形成をしたいという方に門戸を開いています。

現在500名以上の会員が、札幌から九州まで日本全国に在籍しています。年齢層は20代～60代と幅広く、職業も会社員、公務員の方を中心として、自営業者、個人事業主、会社経営者、医師、税理士などの士業、専業主婦や学生など非常に幅広い職業の方が在籍しています。

当協会は、以下のような社会を創っていけるように、活動していきます。

1.【経済的・時間的自由の両立】

不動産投資家の活動を一般社会に広く啓蒙活動することにより、一人でも多くの方が不動産投資に取り組み、その結果、現在の経済状況をよりいい方向へ完全できるようになる社会をつくる。その結果、経済的自由と時間的自由の両方を手に入れて、豊かな人生を手に入れられるようにする。

2.【学びの場の提供】

どんな職業であったとしても、副業で収入を得たいと思った人に対して、その学びの場を提供する。その結果、不動産投資で副業を得ることが当たり前の世の中になり、お金や投資の話が家族や会社の同僚や上司とも自由に話せるような環境の社会を作る。

3.【子供への金融教育の普及】

日本人全体のマネーリテラシーを向上させる取り組みを行うことで、義務教育の中に資産運用や投資の授業と取り入れるような社会を築く。

4.【地域経済活性化】

先祖からからの土地をただ継承する旧来型の大家に変わり、不動産賃貸経営に対して、地域社会に住空間を提供する事業者としてしっかりとした経営の考えを持った新世代大家を育成することで、地域経済の振興に貢献する世の中を作る。

5.【晩婚化・高年齢出産化に歯止め】

結婚の条件が、単なる経済力や容姿、年齢など現在の状況だけでなく、結婚することで将来の資産形成と共にするというマネーリテテララシーを持ったカップルを増やすことにより、若い世代の結婚率や出産率を上げる取り組みを行う。

現在、当協会としては日本人のマネーリテラシーを向上させる具体的な取り組みとして、以下のようなスクール事業を展開しております。

【不動産投資家養成講座ベーシックコース】

不動産投資の初心者を対象とする、不動産投資の基本を学び、1棟目の物件を購入できるスキルを身につけるための講座

【不動産投資家養成講座アドバンスコース】

すでに物件を持っているオーナーを対象とする、不動産賃貸経営の本質を学び、複数棟の資産形成を可能するスキルを身につけるための講座

【大家体験合宿】

協会員のみ参加可能な1泊2日の合宿。協会員のオーナー物件を見学することで大家を疑似体験することが可能になる。

【認定講師養成講座】

不動産投資のすばらしさを伝え、協会員の資産形成をサポートする認定講師を育成するための講座

※スクール事業に関するお問い合わせは以下へお願いします。

一般社団法人不動産投資家育成協会
〒230-0051
神奈川県横浜市鶴見区鶴見中央1-23-18 コスモプラザ403
Website：http://ries.or.jp/
E-mail：info@ries.or.jp
電話：045-642-6650
FAX：045-642-6671
営業時間：平日9：00～17：00（土日祝を除く）

読者限定特典

「新世代大家のリフォームコスト20%削減法」の3大プレゼント！

本書を読まれて、不動産投資にチャレンジしてみたい、という皆さんに、読者限定特典として、今回に限り特別にあなたに差し上げます。

1. 経営理念作成シートPDF
2. SWOT分析テンプレートPDF
3. 「新世代大家のリフォームコスト20%削減法」解説動画

ご希望の方は、このアドレスへアクセス！

http://ries.or.jp/reform.html

●著者プロフィール

長岐　隆弘（ながき　たかひろ）
不動産鑑定士
一般社団法人不動産投資家育成協会　代表理事
アセットライフマネジメント株式会社 代表取締役

メガバンク行員時代の知識と経験をもとに、不動産投資などの資産運用により、月100万円以上の「お金を増やすしくみ」を築いて「経済的自由」を実現。

現在は不動産鑑定士として活躍するかたわら、累計700名を超える不動産投資家を世に送り出す一般社団法人不動産投資家育成協会の代表としても活躍。

どんな人でも、知識ゼロ、貯金ゼロから【月100万円以上の現金収入を生み出すお金を増やすしくみを作る】という独自の投資理論は、将来に不安を感じるサラリーマン、OL、主婦、学生などの投資家予備軍にも多大な影響を与え続けている。

不動産や資産運用に関する書籍を１５冊出版しており、累計１３万部を突破。最新作に『2018-2019年版 不動産投資エリアデータブック』（秀和システム）がある。

野村不動産アーバンネットをはじめとする大手企業や商工会議所などの団体からの講演依頼も多く、フジテレビの全国放送「ダウンタウンなう」へのテレビ出演や、『週刊ダイヤモンド』『日経アソシエ』など、メディアからの取材も多数。

◆一般社団法人不動産投資家育成協会ウェブサイト
http://ries.or.jp/
◆アセットライフマネジメント株式会社ウェブサイト
http://asset-life.co.jp/

森田 祥範 (もりた よしのり)
一般社団法人不動産投資家育成協会　認定講師

1952年生まれ、兵庫県加古川市出身、早稲田大学法学部卒。
モリタマネジメント株式会社　代表取締役
1977年　大学卒業後、大手ハウスメーカー、積水ハウスに就職。大阪で土地有効利用の営業部隊に配属。23ヶ月連続契約し、その実績により社長表彰を多数受ける。高額のコミッションを含む給料所得に対する節税対策として、新築賃貸マンションや区分所有マンションも複数手に入れる。
1991年の不動産バブル崩壊後、人生の再起を図るため一念発起して、1994年1月17日 パシフィックリフォーム株式会社を設立し独立。6年前からは家主の満室支援業や工務店の集客支援業に切り替えて事業を再生した。同時に自身のマンション投資も再開。地方中心都市中心に鉄骨系ワンルーム3棟、RC1棟、区分ファミリー２戸、駐車場、借家等経営中。

書籍コーディネート　インプルーブ　小山睦男

大家さん　そのリフォーム、ちょっと待った！
－コスト削減から考える賃貸経営の新スタンダード－

2018年12月25日　初版発行
2019年1月11日　初版第2刷発行

著　者　長岐　隆弘
森田　祥範
発行人　今井　修
印　刷　藤原印刷株式会社
発行所　プラチナ出版株式会社
〒104-0061 東京都中央区銀座1丁目13-1ヒューリック銀座一丁目ビル7F
TEL03-3561-0200　FAX03-3562-8821
http://www.platinum-pub.co.jp
郵便振替　00170-6-767711（プラチナ出版株式会社）

落丁・乱丁はお取り替えいたします。
ISBN978-4-909357-25-0